AF144974

Friedrich Fleischer

Das Neue Vermächtnis

Mattäus

Friedrich Fleischer

Das Neue Vermächtnis
Mattäus

ISBN/EAN: 9783743360853

Hergestellt in Europa, USA, Kanada, Australien, Japan

Cover: Foto ©Lupo / pixelio.de

Manufactured and distributed by brebook publishing software
(www.brebook.com)

Friedrich Fleischer

Das Neue Vermächtnis

Aus dem Grifiishen der, im kloster am Sinai fon Tishendorf aufgefundnen Urkunde, in feinem Nov. Test. Gr. ex Sinait. Cod. Lips. 1865, mit benuzung feines Nov. Test. Vat. Lips. 1867, feines Nov. Test. Gr. edit. oct. crit. maj. Lips. 1869, der Polyglotten-Bibel, Bilefeld 1863, der Lutter-Emfershen überfezung, Köln 1529, und andrer, spätrer deutsher und auh niht deutsher überfezungen.

(Di worte in gebognen klammern finde~~~~~~~den
gewönlihen überfezungen aus der U~~~
Alexandrien, felen aber in der Urkun~~
[Di worte in winkel-klammern fin~~
fezungen des überfeze~~

Matt~~~

Leipzi~~~

Bei Friedri~~~

1. Buh des geshlehtes fon Js̄ Xs̄, einem ſone Dawids, 1
einem ſone Abrahams. Abraham erzeugte Iſak. Iſak er- 2
zeugte Jakob. Jakob erzeugte Juda und ſeine brüder. Juda 3
erzeugte Farez und Garam, fon der Tamar. Farez erzeugte
Hezron. Hezron erzeugte Ram. Ram erzeugte Aminadab. 4
Aminadab erzeugte Nahasson. Nahasson erzeugte Galma.
Galma erzeugte Boas, fon der Rahab. Boas erzeugte Obed, 5
fon der Rut. Obed erzeugte Jesse. Jesse erzeugte den 6
könig Dawid. Der könig Dawid erzeugte Galomo, fon Urias
weib. Galomo erzeugte Roboam. Roboam erzeugte Abia. 7
Abia erzeugte Assa. Assa erzeugte Joſafat. Joſafat erzeugte 8
Joram. Joram erzeugte Oſia. Oſia erzeugte Jotam. Jotam 9
erzeugte Aꬽas. Aꬽas erzeugte Ezeꬽia. Ezeꬽia erzeugte 10
Manasse. Manasse erzeugte Amon. Amon erzeugte Joſia.
Joſia erzeugte Jeꬽonia und ſeine brüder beim wegzuge nah 11
Babylon. Nah dem wegzuge nah Babylon erzeugte Joꬽonia 12
Gealtiel. Gealtiel erzeugte Zorobabel. Zorobabel erzeugte 13
Abiud. Abiud erzeugte Eliaꬽim. Eliaꬽim erzeugte Aſor.
Aſor erzeugte Zadoh. Zadoh erzeugte Aꬽin. Aꬽin er- 14
zeugte Eliud. Eliud erzeugte Eleaſar. Eleaſar erzeugte 15
Mattan. Mattan erzeugte Jakob. Jakob erzeugte Joſef, 16
Marias man. Fon ir wurde Js̄ geboren, der Xs̄ genant
wirt. Alle glider fon Abraham bis auf Dawid ſind firzen 17
glider; fon Dawid bis zum wegzug nah Babylon ſind firzen
glider; fom wegzug nah Babylon bis auf Xs̄ ſind firzen gli-
der. — Di geburt fon Xs̄ war ſo. Als ſeine mutter Maria 18
mit Joſef fertraut war, fand es ſih, e er ſi heimholte, das
ſi fom heiligen geiste unter irem herzen trug. Joſef, ir 19
man, war from, er wolte ſi niht rügen, beshlos aber, ſi
heimlih zu ferlassen. Indem er ſo dahte, ſet, da ershin 20
im ein bote des hern, im traum, der sprah: Joſef, du ſon
Dawids, fürhte dih niht, Maria, deine gemalin, zu dir zu
nemen, denn das in ir geborne ist fom heiligen geist. Gi 21
wirt einen ſon gebären, du wirst im den namen Js̄ geben,
denn er wirt ſein folk fon iren ſünden erretten. Dis 22
ist geshen, damit des hern worte durh den profeten erfült
würden: Get, eine jungfrau wirt unter dem herzen tragen 23
und einen ſon gebären; ſi werden in Emanuel nennen, das
heist übertragen, got mit uns. Als Joſef fom shlaf erwahte, 24
tat er, wi im des hern bote befolen hatte und nam ſeine
gemalin zu ſih. Er erkante ſi niht, bis ſi iren ersten ſon 25
gebar, dem er den namen Js̄ gab.

2. Als Js̄ in Betlehem, im Jüdishen lande, zu des 1
königes Herodes zeit, geboren war, ſet, da kamen fom

morgen-lande di weifen nah Jerufalem und fprahen: Wo 2
ist der neugeborne könig der Juden? Wir fan im morgen-
lande feinen stern [wi den morgen-stern, der dem aufgange
der fonne gottes foranget und fi ankündigt] und kamen,
in anzubeten. Der könig Herodes hörte das, wurde be- 3
stürzt, und mit im ganz Jerufalem. Er ferfammelte alle hoh- 4
geistlihen und shrift-gelerten des folkes und forshte fon
inen aus, wo Xs [der Messias] geboren wirt. Gi fagten 5
im: Im Jüdishen lande, in Betlehem; denn fo ist es durh
den profeten geshriben: Du Betlehem, Judas land, bist mit 6
nihten das kleinste unter Judas fürsten, denn aus dir wirt
ein fürer kommen, der mein folk Ifrael hüten wirt. Da 7
berif Herodes di weifen heimlih, forshte genau di zeit
der ersheinung des sternes fon inen aus, wis fi nah Bet- 8
lehem und sprah: Zit hin und forsht fleisig nah dem kind-
lein. Wenn ir es fändet, fo fagt es mir, damit ih auh
hinginge und es anbetete. Als fi den könig Herodes ge- 9
hört hatten, zogen fi hin. Get, der stern, den fi im morgen-
lande gefen hatten, ging for inen, bis er dahin kam, wo
das kind war und darüber stand. Als fi den stern fan, 10
wurden fi hoh erfreut. Gi gingen in das haus, fan das 11
kind mit der mutter Maria, filen nider, beteten es an, taten
ire shäze auf und brahten dem kinde geshenke, gold, wei-
rauh und myrten. Es wurde inen im traum fon got der 12
befel gegeben, niht zu Herodes zurükzukeren, und zogen
fi auf einem andern wege in ir land. Wi fi in ir land 13
zogen, fet, da ershin ein bote des hern dem Jofef im traum
und sprah: Gte auf, nim das kind und di mutter, fli nah
Ägypten und bleib da, bis ih es dir fagte, denn Herodes
läst das kind fuhen, um es umzubringen. Er stand auf, 14
nam das kind und di mutter des kindes zu fih, in der
naht, und entwih nah Ägypten. Dort war er bis nah He- 15
rodes tod, damit des hern worte durh den profeten erfült
würden: Aus Ägypten rif ih meinen fon. Als Herodes fa, 16
das er fon den weifen hintergangen war, wurde er fer
zornig, shikte aus und lis alle kinder in Betlehem und in
der ganzen umgegend, di zweijärig und jünger waren,
töten, nah der zeit, di er fon den weifen forgfältig aus-
geforsht hatte. Da wurde das durh den profeten Jefaias 17
gefagte erfült: In Rama wurde ein geshrei, weinen und 18
fil we-klagen gehört; Rahel beweinte ire kinder und konte
fih niht trösten, das fi niht da find [das fi tot find.]
Als Herodes gestorben war, ershin des hern bote dem 19
Jofef in Ägypten im traum, und sprah: Gte auf, nim 20

das kind und di mutter zu dir und zi in Ifraels land, denn fi find gestorben, di des kindes leben fuhten. Er 21 stand auf, nam das kind und di mutter des kindes zu, fih und zog in Ifraels land. Da er hörte, das im Jüdishen 22 lande Arfielaus, an stelle feines faters Herodes, könig war, fürhtete er fih, dahin zu zin. Er emfing im traum befel fon got und zog in di örter des Galiläishen landes. Er 23 ging nah der stat, di Nazaret heist, und wonte da, damit das durh di profeten gefagte erfült würde: Er wirt der fon Nazaret heisen.

3. Zu der zeit komt der täufer Johannes und ferkün- 1 digt in der wüste des Jüdishen landes: Tut buse, das him- 2 mel-reih ist na gekommen. — Er ist es, fon dem der profet 3 Jefaias fagte: Eines rufenden stimme in der wüste: Bereitet dem hern den weg und maht feine stege zureht [zu euh, damit er zu euh eingen könte.] Er, Johannes, hatte einen 4 anzug aus kamel-har [womit angedeutet wurde, das er das kamel in der wüste war] und einen ledernen gürtel um feine lenden; feine narung war heu-shrekken und wilder honig. Da ging zu im Jerufalem, das ganze Jüdishe land 5 und alles land am Jordan hinaus; fi lisen fih fon im im 6 Jordan taufen und bekanten ire fünden. Als er zur taufe 7 file farifäer und fadduzäer kommen fa, sprah er zu inen: Ir nattern-gezühte, wer raunte euh ein, dem zukümftigen zorne zu entrinnen? Get zu, bringt etwas, was den wert 8 einer rehten buse hat, und denkt nur niht bei euh zu 9 fagen: Wir haben Abraham zum fater. Ih fage euh: Got kan aus difen steinen dem Abraham kinder erwekken. Es 10 ist shon di axt an di wurzel der bäume gelegt; jeder baum, der niht shön trägt, wirt abgehaun und ins feuer geworfen. Ih taufe euh mit wasser zur buse; der nah 11 mir komt, ist stärker als ih; ih bin niht geshikt, feine shue zu tragen; er wirt euh mit dem heiligen geist und mit feuer taufen. Er hat di wurf-shaufel in feiner hand; 12 er wirt feine tenne fegen, den weizen in feine sheune bringen, aber di spreu in unauslöshlifiem feuer ferbren- nen. — Da komt an den Jordan zu Johannes Jŝ aus Ga- 13 liläa, damit er fih fon im taufen lise. Johannes ferwerte 14 es im und sprah: Ih bedarf wol, das ih fon dir getauft würde und du komst zu mir? Jŝ antwortete: Las es jezt 15 zu; fo gehört es fih, das wir alle gerehtigkeit erfülten [das di taufe erst im wasser, im bilde, und dan wirklih, im ferborgnen, im geiste, folzogen würde.] Da läst er es im zu. Gleih nah der taufe [dem untertaufien durh Jo- 16

hannes] stig Jš aus dem wasser herauf; fet, der himmel
öfnete fih [der bedekte himmel zerteilte fih], Johannes
fa den geist gottes wi eine taube herabkommen und auf
în [auf Jš] kommen; eine stimme aus dem himmel sprah: 17
Dis ist mein liber fon, an dem ih wolgefallen hatte.

4. Da wurde Jš fom geiste [gottes, der in im war] 1
in di wüste gefürt, damit er fom ferleumder ferfuht würde.
Er fastete fîrzig tage und fîrzig nähte, darauf hungerte in 2
[fer.] Der ferfuħer trat zu im und sprah: Bist du gottes 3
fon, fo fag, das dife steine zu brod werden. Er antwortete: 4
Es ist geshriben: Der mensh wirt niht fon brod alein leben,
fondern [auh] fon jedem worte, das aus gottes munde komt.
[Der mensh lebt fon brod, aber auh dadurh, das er gottes
wort erhält. Go ist alfo gottes wort auh brod, dan
das erste brod nur ein bild des andern oder wirkliħen
brodes, durh das der mensh das leben wirklih erhält,
denn der mensh erhält das leben niht durh brod, fondern
nur dadurh, das er gottes gebote erhält und behält. Der
erste mensh, der mensh in Adam, lebt fon brod, der zweite
mensh, der mensh in Xš, aber dadurh, das er niht feinen,
fondern gottes willen tut.] Da nimt der ferleumder in mit 5
fih in di heilige stat [Jerufalem], stelt in auf des tempels
zinne, und spriht zu im: Bist du gottes fon, fo stürz dih 6
hinunter, denn es ist geshriben: Er wirt feinen boten befel
geben, und fi werden dih auf iren händen tragen, damit
du niht mit dem fuse an einen stein stisest. Jš sprah zu 7
im: Es ist aber auh geshriben: Du wirst got, deinen hern,
niht ferfuħen. Der ferleumder nimt in auf einen fer hohen 8
berg, zeigt im alle reiħe der welt und ire herlihkeit, und
spriht zu im: Dis alles werde ih dir geben, wenn du 9
niderfilest und mih anbeten würdest. Da spriht Jš zu im: 10
Hebe dih fon mir, fatan, denn es ist geshriben: Du wirst
got, deinen hern, anbeten und im alein dinen. Da ferläst 11
in der ferleumder; fet, boten kamen zu im und dinten
im. — Als Jš hörte, das Johannes übergeben war, zog er 12
ins Galiläishe land; er ferlis di stat Nazaret, ging und 13
wonte in Kapernaum, das am fe ligt, in Gabulon und
Naftalims marken, damit das durh den profeten Jefaias ge- 14
fagte erfült würde: Das land Gabulon, das land Naftalim, 15
am fe-wege, jenfeit des Jordans [an des Jordanes west-
feite] und das heidnishe Galiläa, das folk, das in finsternis 16
fas, fa ein groses liht und di am orte und im shatten des
todes fasen, denen ging ein liht auf. Fon da fing Jš an zu 17.
ferkündigen: Tut buse, das himmel-reih ist na gekommen. —

Als Jš am Galiläishen ſe wandelte, ſa er zwei brüder, 18
Ɠimon, der Petrus genant wirt, und des bruder An-
dreas, ire neze in den ſe werfen; ſi waren fisher. Er 19
ſpriht zu inen: Folgt mir nah; ih werde euh zu menshen-
fishern maꞵen. Ɠi ferlisen gleih ire neze und folgten im 20
nah. Beim weitergen ſon dort ſa er zwei andre brüder, 21
Jakobus, einen ſon ſon Zebedäus, und des bruder, Johan-
nes, im bot mit irem fater Zebedäus, ire neze zureht
maꞵen; er rif ſi. Gleih ferlisen ſi das bot und iren fater 22
und folgten îm nah. — Jš ging im Galiläishen lande umher, 23
lerte in iren ferſamlungen, ferkündigte di gute botshaft
ſom reih [gottes] und heilte alle krankheit und ſeuꞵe im
folk. Das gerüht ſon îm ging in ganz Ɠyrien aus; ſi 24
brahten alle kranken zu îm, di mit fershidnen krankheiten
und qalen behaftet waren, befesne, mondſühtige und ge-
lämte. Er stelte ſi alle her. Es folgten îm file haufen, 25
aus Galiläa, aus den zen stäten, ſon Jeruſalem, aus dem
Jüdishen lande und ſon jenſeit des Jordans.

5. Da er di haufen ſa, stig er auf einen berg und 1
ſezte ſih; ſeine lerlinge traten zu îm. Er tat ſeinen mund 2
auf, lerte unter inen und ſprah: Ɠelig ſind di an geist 3
armen, denn das himmel-reih ist ir. Ɠelig ſind, di leid 4
tragen, denn ſi werden getröstet werden. Ɠelig ſind di 5
ſanftmütigen, denn ſi werden das land [des himmels] erben.
Ɠelig ſind, di nah gerehtigkeit [bei got] hungern und durs- 6
ten, denn ſi werden ſat werden. Ɠelig ſind di barm- 7
herzigen, denn ſi werden barmherzigkeit finden. Ɠelig 8
ſind, di reines herzens ſind, denn ſi werden got shaun.
Ɠelig ſind di fridfertigen, denn ſi werden gottes kinder 9
heisen. Ɠelig ſind di um gerehtigkeit willen ferfolgten, 10
denn das himmel-reih ist ir. Ɠelig ſeit ir, wenn ſi euh 11
um meinetwillen shmäten, ferfolgten, alles shändliꞵe wider
euh redeten und ſi lügner wären; ſeit [alsdan] frölih und 12
getrost, denn euer lon im himmel ist gros. Ɠo ferfolgten
ſi for euh di profeten. Ir ſeit das ſalz der erde. Würde 13
das ſalz dum [würdet ir dum], womit wirt man ſalzen?
[den ferborgnen menshen zubereiten?] Es ist zu nihts mer
nüze als das es hinausgeworfen und unter di füse der
menshen getreten würde. Ir ſeit das liht der welt. Eine 14
stat, di auf einem berge ligt, kan niht ferborgen ſein
[was ir im lihte tut, kan niht ferborgen bleiben.] Man 15
zündet niht ein liht an und ſezt es unter einen sheffel,
ſondern auf einen leuhter, ſo leuhtet es allen im hauſe.
Ɠo leuhte euer liht [des geistes] for den menshen, damit 16

ſi eure ſhönen werke [in got] ſähen und euren fater im himmel rümten. Wänt niht, das ih kam, das geſez oder 17 di profeten aufzulöſen; ih kam niht, aufzulöſen, ſondern zu erfüllen. Ih ſage euh warlih: Bis himmel und erde 18 fergingen, ferginge weder der kleinste buh-stabe, noh Ein strih fom geſez, bis alles geshähe. Wer eins fon den 19 kleinsten geboten auflöſete, und es ſo di menshen lerte, der wirt der geringste im himmel-reih heisen; wer es aber hilte und lerte, der wirt gros im himmel-reih heisen. Ih 20 ſage euh: Wenn eure gerehtigkeit niht besser als di der shrift-gelerten und fariſäer wäre, ſo kämet ir niht ins himmel-reih. [Wenn ir bei den menshen gereht, aber niht im ferborgnen, bei got, gereht wäret, ſo kämet ir niht ins himmel-reih.] Ir hörtet, das zu den alten geſagt wurde: 21 Du wirst niht töten; wer töten würde, wirt des gerihtes shuldig ſein. Ih aber ſage euh: Wer ſeinem bruder zürnt, 22 wirt des gerihtes shuldig ſein; wer zu ſeinem bruder ſagte: Raha, der ist des rates shuldig; wer aber ſagte: Du nar, der ist des höllishen feuers shuldig. Wenn du alſo deine 23 gabe zum altar brähtest, und dort daran erinnert würdest, das dein bruder etwas gegen dih hat, ſo las deine gabe 24 for dem altar, ge zuerst hin, ferſöne dih mit deinem bruder und alsdan ge und bring deine gabe. Sei wilfärig 25 deinem widerſaher, und bald, ſolange du noh mit im auf dem wege bist, damit der widerſaher dih niht dem rihter übergäbe, der rihter dih dem diner übergäbe und du ins gefängnis geworfen würdest. Warlih, ih ſage dir: Du kä- 26 mest fon dort niht heraus, bis du den lezten heller bezaltest. [Im gleihnis wirt der mensh bedeutet, der dem gerehten in Xs das kleid des lebens genommen hat. Wenn er es niht jezt, wo er noh auf dem wege ist, das heist, ſolange der mensh das leben hat, zurükgeben würde, ſo wirt er am ende zum gefängnis ferurteilt werden, und ni mer wider daraus herauskommen, weil er dan ni mer im stande wäre, das genomne kleid des lebens zurükgeben zu können.] — Ir hörtet, das geſagt wurde: Du wirst 27 niht ehebrehen. Ih aber ſage euh: Wer ein weib mit be- 28 geren anſit, der brah shon di ehe in ſeinem herzen. Ärgert dih dein rehtes auge [dein leben], ſo reis es aus 29 und wirf es fon dir. Es ist dir besser, das eins deiner glider ferdürbe [der irdishe leib] als das der ganze leib [der ferborgne mensh] in di hölle geworfen würde. Ärgert 30 dih deine rehte hand, ſo hau ſi ab und wirf ſi fon dir. Es ist dir besser, das eins deiner glider ferdürbe als das

der ganze leib in di hölle geworfen würde. Es wurde 31
gefagt: Wer fih fon feinem weibe shide, der gebe ir einen
sheide-brif. Ih aber fage euh: Wer fih fon feinem weibe 32
sheidet, auser einem grunde der hurerei, der maht, das fi
di ehe briht, und wer di abgesLidne freite, der briht [auh]
di ehe. Weiter hörtet ir, das den alten gefagt wurde: Du 33
wirst keinen meineid begen und got deinen eid halten.
Ih aber fage euh: Gar niht zu shwören, weder beim him- 34
mel, denn er ist gottes stul, noh bei der erde, denn fi ist 35
feiner füse shemel; noh bei Jerufalem, denn es ist des
grosen königes stat. Du shwürest auh niht bei deinem 36
haupte, denn du kanst kein einziges har weis oder shwarz
mahen. Eure rede fei ja, ja, nein, nein, mer als das ist 37
fom übel. [Ja, worauf ja; nein, worauf nein zu fagen ist.]
Ir hörtet, das gefagt wurde: Auge um auge, zan um zan. 33
Ih aber fage euh: Dem übel niht zu widerstreben. Wer dir 39
einen shlag auf di rehte bakke gibt, dem halte auh di
andre hin. Wer mit dir rehten wil und deinen rok nemen, 40
dem las auh das hemd. Wer dih nötigte zu einer meile, 41
mit dem ge zwei. Gib dem, der dih bittet, und wende 42
dih niht fon dem, der fon dir leihen wil. — Ir hörtet, das 43
gefagt wurde: Du wirst deinen nähsten liben und deinen
feind hassen. Ih aber fage euh: Libt eure feinde, (fegnet 44
di, di euh fluhen, tut denen wol, di euh hassen) und betet
für di, di euh (beleidigen und) ferfolgen; damit ir kinder 45
eures faters im himmel wäret, denn er läst feine fonne
über böfe und gute aufgen, und über gerehte und unge-
rehte regnen. Wenn ir nur di libtet, di euh liben, was 46
habt ir für lon dafon? Das tun auh di zölner. Wenn 47
ir nur eure brüder grüstet, was tut ir da befondres? Tun
das niht auh di heiden? Daher werdet ir folkommen fein 48
wi euer himlisher fater folkommen ist.

6. Habt aht auf eure gerehtigkeit (barmherzigkeit), fi 1
niht for den menshen zu tun, um fon inen gefen zu wer-
den, [di menshen müssen eure gerehtigkeit niht bemerken]
fonst nabt ir keinen lon bei eurem fater im himmel.
Wenn du barmherzigkeit tätest, fo pofaune es niht for dir 2
aus, wi es di heuhler in den ferfamlungen und auf den
gassen tun, damit fi fon den menshen gerümt würden.
Warlih, ih fage euh: Gi haben iren lon dahin. Wenn du 3
barmherzigkeit tust, fo las deine linke hand niht wissen,
was deine rehte tut, damit deine barmherzigkeit im fer- 4
borgnen geshähe; dein fater, der im ferborgnen fit, wirt es
dir fergelten (öffentlih.) Wenn ir beten würdet, fo werdet 5

ir niht wi di heuhler fein, di gerne in den ferfamlungen
und an den ekken der gassen sten und beten, damit fi
fon den leuten gefen würden. Warlih, ih fage euh: Gi
haben iren lon dahin. Wenn du beten würdest, fo ge in 6
dein shlaf-stübhen, shlis di tür zu und bete zu deinem
forborgnen fater, und dein fater, der im ferborgnen fit, wirt
es dir fergelten (öffentlih.) Maht beim beten niht un- 7
nötige worte wi di heiden; fi meinen, fi werden erhört
werden, wenn fi file worte mahen [lange reden halten.]
Werdet inen niht gleih. Got, euer fater, weis, was ir be- 8
dürft, e ir in bittet. Go betet ir nun: Unfer fater im 9
himmel; dein name werde geheiligt; dein reih komme; 10
dein wille geshehe auf erden wi im himmel. Das uns zu- 11
kommende brod gib uns heute. Fergib uns unfre shuld 12
wi wir unfren shuldigern fergeben; und füre uns niht in 13
ferfuhung, fondern erlöfe uns fom übel (denn dein ist
das reih, di kraft und herlihkeit in ewigkeit, warlih.)
[Mit den worten: Unfer fater im himmel, fol angedeutet
werden, das niht der fater auf erden, fondern got der
fater zu nennen ist. Ist got der wirklihe fater, dan ist
der fater auf erden, der irdishe fater, ein bild des faters,
aber kein wirklifer fater, weil er uns wirklih niht das
leben und das brod des lebens gab. — Dein name werde
geheiligt, damit wirt angedeutet, das gottes name auf erden,
in der welt, niht geheiligt wirt, und wir im gebet ferheisen,
gottes namen zu heiligen und niht zu entheiligen, wi es
di heiden tun. — Dein reih komme, der neue himmel und
di neue erde, in denen gerehtigkeit wont; es komme Xš zu
uns, denn Xš ist das himmel-reih, und werden wir durh
Xš im himmel gefunden werden. — Dein wille geshehe und
niht unfer wille, durh den wir nah dem fleishe leben,
aber nah dem geiste tot find; es geshehe niht, was wir
wollen, fondern was got wil. — Das uns zukommende brod
gib uns heute. Di kinder bitten den fater um brod, da
aber der irdishe fater niht der himlishe fater ist, fo ist
am ende auh das irdishe brod niht das wirklihe brod
und bitten wir um das himlishe brod [das wirklihe brod]
und niht um das irdishe brod, das kein wirklihes brod
ist, fondern nur wi das manna, ein bild des wirklihen
brodes. — Fergib uns unfre shuld, di wir im ferborgnen
haben, wi wir den menshen di shuld an uns fergeben, di zu
fen ist. — Füre uns niht in ferfuhung, stelle uns niht auf di
probe, um einen ferfuh mit uns zu mahen, ob wir uns im
feuer bewären wi gold, das im feuer ferfuht wirt, aber

da wir im feuer ferfuht [geläutert] werden müssen, fo
geshehe dein wille; errette uns nur fom übel der welt.
Dir gehört das reih, di kraft und di herlihkeit am ende
und niht der welt.] Wenn ir den menshen ire feler fer- 14
gäbet, fo wirt euh euer himlisher fater auh fergeben; wenn 15
ir aber den menshen ire feler niht fergäbet, fo wirt euh
euer fater eure feler auh niht fergeben. Wenn ir fastetet, 16
fo werdet niht mürrish wi di heuhler, di ir angefiht fer-
stellen, damit fi den menshen als fastende ershinen. War-
lih, ih fage euh: Gi haben iren lon dahin. Wenn du fas- 17
test, fo bestreih dein haupt mit öl, und washe dein ange-
fiht, damit du niht den menshen als fastender ershinest, 18
fondern nur deinem fater, der ferborgen ist; dein fater,
der im ferborgnen fit, wirt es dir fergelten   (öffentlih.)
Gammelt euh niht shäze auf erden, wo motten und wurm- 19
fras fi ferderben, wo dibe darnah graben und fi stelen;
fammelt euh shäze im himmel, wo weder motten, noh 20
wurm-fras fi ferderben, dibe niht darnah graben und fi
niht stelen. Wo euer shaz ist, da wirt auh euer herz fein. 21
Das auge ist des leibes liht; wenn dein auge einfältig ist, 22
fo wirt dein ganzer leib liht fein. Wenn aber dein auge 23
ein shalk ist, [wenn du das ungerehte in dir niht fist,] fo
wirt dein ganzer leib [der ferborgne mensh] finster fein.
Wenn aber das liht in dir finsternis ist [dein geist niht
liht ist], wi gros wirt dan di finsternis fein. Nimand 24
kan zweien hern dinen. Er wirt entweder einen has-
sen und den andern liben, oder einem anhängen und
den andern ferahten. Ir könt niht got und dem mammon
[dem gözen der welt, dem goldnen kalbe] dinen. Daher 25
fage ih euh: Gorgt niht für euer leben [niht für das fer-
gänglihe leben], was ir essen und trinken würdet, auh
niht für euren leib, was ir anzin würdet. [Der mensh
kan niht für den fergänglihen leib und den ferborgnen
oder den innern menshen, zugleih forgen; er forgt niht
für das leben des geistes, wenn er für das [äusre] leben
forgt, oder hast das leben [des geistes]; wenn er das leben
libt.] Ist niht das leben mer als di narung und der leib
mer als di kleidung? [Ist niht das leben des geistes mer
und besser als das leben im fergänglihen?] Get di fögel 26
unter dem himmel an; fi fäen niht, ärnten niht, fi fammeln
niht in sheunen und euer himlisher fater ernärt fi doh.
Geit ir denn niht fil mer als fi? Wer ist unter euh, der 27
feiner länge auh nur Eine elle zufezen kan, wenn er da-
für beforgt wäre? Warum forgt ir für di kleidung? Shaut 28

di lilien auf dem felde, wi ſi waxen; ſi arbeiten niht, ſi
spinnen niht. Ih ſage euh, das Galomo in al ſeiner her- 29
lihkeit niht ſo [ſhön] gekleidet war wi eine fon inen.
[In Jš gleihnis komt di menshliñe kleidung mit der klei-
dung der lilie fon got in fergleih und alſo niht der leib
des menshen mit dem leibe der blume. Der leib, den
wir im ferborgnen fon got erhalten, ferhält ſih zu un-
ſrem leibe wi unſer leib zu einem kleide. Wi wir unſern
leib fon got erhalten haben one gearbeitet zu haben, ſo
werden wir auh den leib im ferborgnen [im geiste] er-
halten one zu arbeiten, und wi wir, wenn wir den leib er-
halten haben, am ende auh di kleidung [fon den eltern]
erhalten, ſo werden wir, wenn wir den leib im ferborg-
nen fon got erhalten, am ende auh di kleidung [fon got]
erhalten. — Es ist alſo zu arbeiten, in menshliñem ſin,
niht nötig, um den leib im ferborgnen zu erhalten, weil
der leib erhalten wirt, ganz one di arbeiten und werke
des menshen, durh di libe gottes in Xš oder durh Xš
werk.] Wenn got das gras des feldes, das heute da ist 30
und morgen in den ofen geworfen wirt, ſo [ſhön] kleidet,
um wi fil mer euh? Ir kleingläubigen. Gorgt daher 31
niht [fürs fergängliñe leben] und spreht niht: Was würden
wir essen, oder, was würden wir trinken, oder, was wür-
den wir anzin? Darnah fragen nur alle heiden. Euer 32
himlisher fater weis, das ir das alles brauht. [Wir müs-
sen essen und trinken, um das leben zu erhalten. Dis
wirt eben dadurh angedeutet, das alle essen und trinken,
um das leben zu erhalten. Wir müssen alſo essen und
trinken, um das leben zu erhalten. Es ist aber alles, was
wir ſen, am ende nur ein bild, und niht das wirkliñe,
und wirt dan im bilde angedeutet, das wir essen und trin-
ken müssen, um das leben zu erhalten, das bild aber
[alles, was wir ſen] ist durh got da und weis alſo got,
das wir essen und trinken müssen, um das leben zu er-
halten. Wir dinen dan aber nur dem bilde, wenn wir
wi alle essen und trinken, da ſi niht wirklih, ſondern
nur im bilde essen und trinken. Wir essen und trinken
wirklih, wenn wir niht im bilde essen und trinken,
ſondern im ferborgnen, ſo, das es kein mensh ſit.] Trahtet 33
zuerst nah gottes reih und ſeiner [gottes] gerehtigkeit,
und es wirt euh alles gegeben werden. [Wir müssen
zuerst zu Xš zu kommen ſuñen, da in im das reih gottes
ist. Go werden wir dan am ende zu allem kommen, zum
ewigen leben oder wirklih zum leben und wirklih zum

essen und trinken und zu einer wirklißen kleidung und
niht einer kleidung, di wir am ende wi den leib difes
lebens ferliren.] Gorgt daher niht für morgen. Der mor- 34
gen wirt für ſih ſorgen. Es ist genug für den tag das
shlehte desſelben. [Wir haben an jedem tage ſorgen ge-
nug, am menshlißen tage ſorgen genug fürs äusre leben,
an X͞s tage [wenn wir zu X͞s leben kommen] genug ſorgen
fürs götlißie leben.]

7. Rihtet niht, damit ir niht gerihtet würdet. Mit 1
dem geriht, mit dem ir rihtet, werdet ir gerihtet werden; 2
mit dem mas, mit dem ir mest, wirt euh gemessen werden.
[Wer unbarmherzig rihtet, wirt unbarmherzig gerihtet wer-
den; wer barmherzig rihtet, wirt barmherzig gerihtet
werden. Wer böfes zumist, dem wirt böfes zugemessen
werden.] Was ſist du den splitter in deines bruders [des 3
gerehten] auge und wirst niht den balken in deinem auge
gewar? Oder, wi ſagst du zu deinem bruder: Halt, ih 4
werde dir den splitter aus deinem auge zin? Gi, ein bal-
ken ist in deinem auge. Du heuhler, zi zuerst aus deinem 5
auge den balken, dan ſi zu, den splitter aus deines bru-
ders auge zu zin. Gebt das heiligtum niht den hunden, 6
und werft eure perlen niht for di ſäue, damit ſi diſelben
niht mit iren füsen zerträten, ſih wendeten und euh zer-
rissen. [Der mensh ist ferloren und komt unter di füse,
wenn er di îm durh und in X͞s gebotnen perlen wegwirft
und niht behält.] Bittet [bittet reht], ſo wirt euh ge- 7
geben werden; ſuht [ſuht reht], ſo werdet ir finden; klopft
[reht] an, ſo wirt euh aufgetan werden. Denn wer [reht] 8
bittet, der emfängt; wer [reht] ſuht, der findet und wer
[reht] anklopft, dem wirt aufgetan werden. Wer ist unter 9
euh menshen, den ſein ſon um ein brod bäte, der îm einen
stein geben wirt? Oder, bäte er în um einen fish, der îm eine 10
shlange geben wirt? Wenn ir alſo, obshon ir arg ſeit, 11
gute gaben euren kindern zu geben wist, wi fil mer wirt
dan euer fater im himmel denen gutes geben, di în darum
bitten. [di gabe des heiligen geistes, und durh ſi ein
neues leben im ferborgnen.] Alles, was ir woltet, das 12
euh di leute tun ſolten, das tut ir inen ſo. Das ist das
geſez und di profeten. Get durh das enge tor ein, denn 13
das tor ist weit und der weg ist breit, der zum untergang
fürt, und es ſind file, di darauf eingen. Das tor ist enge 14
und der weg shmal, der zum leben fürt, und es ſind we-
nige, di în finden. [Mit dem breiten wege wirt der weg
angedeutet, der zum begräbnis fürt, auf dem di toten ge-

fürt werden, dagegen mit dem shmalen wege, der shmale
weg, durh den der mensh mit weinen zur welt komt oder
zum leben einget. Dan gen zwar file zum fergänglihen
leben ein, aber nur wenige zum ewigen leben; wir müssen,
wenn wir zum leben eingen, mit weinen zum leben ein-
gen, wi Xš am kreuze, und uns niht ferhalten wi di toten
und di tot-gebornen.] Get euh for den lügen-profeten for, 15
di in shafs-kleidern zu euh kommen [fromme shafe zu
fein sheinen], di aber inwendig reisende wölfe find. Ir 16
werdet fi daran erkennen, was fi tragen. Kan man trau-
ben fon dornen, oder feigen fon disteln lefen? Go trägt 17
jeder gute baum shön, aber ein fauler baum trägt shleht. Ein 18
guter baum kan niht shleht und ein fauler baum kan niht
shön tragen. Jeder baum, der niht shön trägt, wirt ab- 19
gehaun und ins feuer geworfen. Ir werdet fi alfo daran 20
erkennen, was fi tragen. Es werden niht alle, di zu mir 21
fagen: Her, her, ins himmel-reih kommen, fondern, wer
den willen meines faters im himmel tut. Es werden file 22
an dem tage zu mir fagen: Her, her, weisfagten wir niht
in deinem namen? Triben wir niht file geister in deinem
namen aus? Taten wir niht in deinem namen file taten?
Dan werde ih inen bekennen: Ih kante euh ni, weiht alle, 23
ir übeltäter, fon mir. Wer nun dife worte fon mir hört 42
und fi tut, der wirt mit einem klugen menshen ferglihen
werden, der fein haus auf einen felfen baute. Es kam 25
regen herab, es kamen ströme, winde weten, und stisen
ans haus, aber es fil niht, denn es war auf einen felfen
[auf Xš] gegründet. Wer aber meine worte hört und niht 26
darnah tut, der wirt mit einem einfältigen menshen fer-
glihen werden, der fein haus auf fand [di hofnungen der
menshen] baute. Es kam regen herab, es kamen ströme, 27
winde weten, und stisen ans haus; es fil, es war ein gro-
ser fal. Es gesha, als Jš dife worte folendet hatte, 28
enzezten fih di haufen über feine belerung, denn er lerte 29
wi mit maht und niht wi di shrift-gelerten [di onmähtig
find, weil fi den menshen und niht got gefallen wollen.]

8. Als er fom berge hinabstig, folgten im file haufen. 1
Get, ein ausfäziger kam, fil for im hin und fagte: Her, 2
wenn du woltest, du kanst mih reinigen. Jš strekte feine 3
hand aus, rürte in an und sprah: Ih wil es, fei gereinigt.
Gogleih wurde er fon feinem ausfaz rein. Jš sprah zu im: 4
Gi zu, fag es nimand, fondern ge, zeige dih dem geistlihen
und bring das opfer, das Mofes bestimte, inen zum zeug-
nis. Als Jš in Kapernaum einging, trat ein haupt-man zu 5

im und sprah: Her, mein knappe ligt zu haufe, er ist 6
gelämt und hat grose qal. Jŝ spriht zu im: Ih kam und 7
werde in herstellen. Der haupt-man sprah: Her, ih bin 8
niht wert, das du unter mein dah gingest, aber fage nur
ein wort, fo wirt mein knappe gefund werden. Ih bin ein 9
mensh, der unter einen obern eingefezt ist, und habe
krigs-knehte unter mir. Gage ih zu einem: Ge hin, fo get
er hin; zum andern: Kom, fo komt er; zu meinem knehte:
Tue das, fo tut er es. Als Jŝ es hörte, wunderte er fih 10
und sprah zu den im folgenden: Warlih ih fage euh, fol-
hen glauben [wi an difem heiden] fand ih in Ifrael niht;
aber ih fage euh: File werden fom morgen und abend kom- 11
men und mit Abraham, Ifak und Jakob im himmel-reih
fizen, aber di kinder des reihs werden in di äuserste 12
finsternis hinausgen. [Nämlih di kinder des reihs, di fo
genant werden, aber es niht wirklih find, oder di Juden,
di Juden heisen, aber im grunde niht Juden find.] Da
wirt das weinen und das zäne-klappern fein. [Ein bild
fon kranken, denen, wi beim fiber, di zäne klappern, durh
frost, an dem fi leiden.] — Jŝ sprah zum haupt-man: 13
Ge hin, dir geshehe wi du glaubtest. Zur stunde wurde
fein knappe gefund. — Jŝ kam in Petrus wonung und fa 14
des shwiger am fiber ligen; er faste ire hand an und 15
das fiber ferlis fi. Gi stand auf und dinte im. Am abend 16
brahten fi file befesne zu im. Er trib di geister mit worten
aus, und mahte alle, di leidend waren, gefund; damit das 17
durh den profeten gefagte erfült würde: Er nam unfre
krankheit auf fih und trug unfre feuhe. [Unter den be-
fesnen oder den fon geistern, ›das heist, fon ungeistern
befesnen, oder fon difen geistern eingenomnen, find fer-
rükte oder wanfinnige zu fersten. Wanfinnige sheinen wi
fon böfen geistern zu leiden oder ferhalten fih wi fon un-
geistern getriben, etwas zu tun, was fi am ende felbst doh
niht tun wollen, da fi fih am ende felbst doh niht shrek-
lih umbringen wollen, und, wenn fi dazu kommen, es nur
tun, weil fi dadurh einem grösern übel zu entgen glauben.
Gi ferwexeln in dem, was fi begreifen, das wirklihe mit
dem niht wirklihen und halten das, wodurh fi niht shrek-
lih umkommen würden, für etwas, wodurh fi shreklih um-
kommen müssen, dagegen das, wodurh fi wirklih shreklih
umkommen, für etwas, wodurh fi niht shreklih umkommen.
Gi fen alle, di zu inen kommen, di fi abhalten wollen,
fih shreklih umzubringen, für ire feinde oder für menshen
an, di inen nur böfes antun und fi shreklih umbringen

wollen und bringen ſi shreklih um. Wenn ſi das getan
haben, und nimand mer da ist, der ſi dafon abhält, ſo
bringen ſi ſih ſelbst shreklih um, indem ſi ſih ins wasser
stürzen, oder ſih.fon einem haufe hinunter werfen, ſih er-
hängen, ſih den bauh aufshneiden oder ſih zerfleishen. So
werden ſi zuerst an allen, di ſi dafon abhalten möhten,
ſih shreklih umzubringen, zu mördern und dan werden ſi,
wenn ſi mörder ſind, zu ſelbst-mördern. Wi ein wanſinniger
ferhilt ſih aber auh Judas gegen Jš; denn denken wir
daran, das Jš zu allen kam, um alle dafon abzuhalten,
ſih niht shreklih [im ferborgnen] ums leben zu bringen,
ſo ſen wir, das Jš durh Judas ans kreuz geshlagen, alſo
shreklih umgebraht wurde, und Judas ſih dan ſelbst shrek-
lih umbrahte, indem er ſih erhing. Es wolte aber Jš Judas
erhalten, was daraus zu ſen ist, das Jš ſein brod für ſin
brah, und dis eben bedeutet, das Jš das leben für Judas
hingab, um ſin am leben zu erhalten. — Wenn alle mit ent-
rüstung fon Judas spreñen und meinen, ſi hätten niht ge-
tan, was der Judas getan hat, ſo ist zu bemerken, das
alle, di im grunde Xš niht als iren heiland erkennen, ſih
am ende nur wi Judas ferhalten, wi wanſinnige, di in
irem wane iren heiland umbringen, der ſi am leben er-
halten möhte, und dan am ende ſih ſelbst umbringen, was
ja alles zu ſen ist,, wenn nur ins ferborgne gefen, oder
alles reht begriffen wirt. Es ſind di wanſinnigen am ende
ein bild fon allen, di niht als wanſinnige [im äusern, im
bilde] gefen werden, aber es im grunde ſind. Indem di
wanſinnigen das niht wirkliñe [einen wan] mit dem wirk-
liñen ferwexeln, begreifen ſi das zu begreifende niht reht,
und erhalten dan das niht, was ſi erhalten wollen, alſo
niht das leben, wenn ſi das leben erhalten wollen. Wenn
wir niht reht begreifen, ſo erhalten wir niht, was wir
wollen. Da alle am ende nur alles unrihtig begreifen,
was leiht an allen bemerkt werden kan, ſo ferhalten ſih
alle am ende wi wanſinnige, oder ſind in der rehnung
wanſinnige, unter inen di niht ausgenommen, di unter inen
fernümftig und klug genant werden, da am ende auh an
difen bemerkt werden kan [aus dem, was ſi ſagen und
tun], das ſi nur einſeitig rihtig begreifen, was aber am
ende kein rihtiges begreifen ist, wodurh dan di bei den
menshen fernümftigen und klugen im grunde oder wirklih
das niht ſind, wofür ſi gehalten werden, oder ſind ſi dan
am ende nur ein bild der wirklih fernümftigen und klugen,
di in inen niht gefunden werden. — Durh das, was alle

felbst fagen, ist darauf zu kommen, das fih unfer leben
wi ein traum ferhält, und dan das wirklifie nur im fer-
borgnen begriffen werden kan, das am ende da fein wirt,
wi nah dem traum das wirklifie. Alle aber zeigen fih in
irem leben [im traum difes lebens] fo, als ob unfer le-
ben wirklih das leben wäre und begreifen das wirklifie
leben, das im ferborgnen zu begreifen ist, niht, und kom-
men dan niht dazu, das leben [wirklih] zu erhalten, und
ferhalten fih am ende wi mörder, denn mörder erhalten
das leben niht, und fi erhalten das leben auh niht. Alle
liben das leben, doh am ende nur im bilde [im äusern]
und niht wirklih; fi können dan am ende Xš [das leben]
auh nur im bilde, aber niht wirklih liben. Gi werden
in am ende nur fon fih stosen, in für wanfinnig und fer-
rükt halten, für einen mörder, an im zu mördern werden,
um dan hilflos zu bleiben und am ende shreklih umzu-
kommen. Man bemerkt, das di wanfinnigen in irem wane
di fernümftigen für wanfinnig halten, und müssen hirnah
am ende di, di wirklih fernümftig find, fon denen, di es
bei den menshen oder im äusern find, für wanfinnig ge-
halten werden, wi denn di Juden auh Jš wanfinnig und
ferrükt nanten, Joh. 8, 48, und einen berühtigten mörder, den
Barabbas, liber erhalten wolten als Jš. — Das austreiben
der unreinen geister ist ein bild, aus dem zu fen ist, das
durh Xš di [im ferborgnen] wanfinnigen [befesnen] fon iren
unreinen geistern befreit werden, und niht shreklih um-
kommen, was geshen müste, wenn fi niht fon den geistern
befreit würden. Im ferborgnen find am ende shon alle
umgekommen, aber, wi wir im bilde fen, werden di toten
durh Xš fom tode zum leben gebraht und werden alle toten
[alle, di lebende heisen, aber es wirklih niht find], wenn
fi Xš stimme hören, fon den toten aufersten und das leben
[im ferborgnen] haben und wirt es am ende an inen gefen
werden. — Gibt es denn aber unreine geister? Glaubt
denn ein fernümftiger wirklih noh an unreine geister oder
niht blos das dumme folk? Werden niht alle fernümftigen
und klugen einen gleih für fer einfältig und dum halten,
wenn man meinte, das es unreine geister wirklih gibt?
Dabei ist nur zu bemerken, das am ende durh di fer-
nümftigen und klugen felbst [auf grund irer eignen worte]
darauf zu kommen ist, das es unreine geister gibt, und
fagen fi es dan am ende felbst, weil das, worauf aus eines
worten zu kommen ist, im grunde fon im felbst gefagt
worden ist, wenn er es auh im worte grade niht fagte und

daher meinte, er hätte es niht geſagt. — Wenn ſi, di klugen
und fernümftigen bei den menshen, oder di, di ſih für klug
und fernümftig halten, ſagen wollen, das es keine unrei-
nen geister gibt, ſo wollen wir es annemen. Spraꞓen ſi
aber ni ſon einem shlehten geiste im dummen folke? Wi
kamen ſi darauf? Ist es niht ſo, weil überal gutes und
shlehtes zu ſen ist, niht blos im leibliꞓen, ſondern auh
im geistigen? Halten nun aber niht alle das reine für
etwas gutes und shōnes, das unreine für etwas shlehtes
und häsliꞓes? Dan wirt ja doh das reine im guten und shō-
nen und das unreine im shlehten und häsliꞓen gefunden
werden müssen. Haben ſi, di klugen und fernümftigen, et-
was dagegen, wenn wir ſon inen ſagen wolten, das ſi einen
shōnen geist haben, und einen reinen geist, weil das reine
etwas shōnes ist? Werden ſi dan noh etwas dagegen haben
können, wenn wir ſon den dummen und unfernümftigen
ſagen wollen, das, da diſe das gegenteil der klugen und
fernümftigen ſind, in inen ein shlehter und ein unreiner
geist ſein mus, und das lezte, weil das unreine etwas
shlehtes ist? — Werden ſon den klugen und fernümftigen
niht alle, di ſi für dum, einfältig und unfernümftig
halten, tot und kopflos und menshen one geist und
leben genant? Warum? In gewönliꞓem ſinne ſind ſi
grade niht tot und kopflos oder one kopf, ſondern ſind ſi
am leben und gen umher. Warum werden ſi denn tot
und kopflos und menshen one geist und leben genant?
Geshit es am ende, weil di klugen und fernümftigen reh-
nen und es im rehnen finden? Di dummen und unfernümf-
tigen ferhalten ſih wi tote und kopfloſe oder wi menshen,
di durh den tod das leben ferloren haben, denn wi diſe
nihts fassen, begreifen [greifen] und fernemen [nemen], ſo
fassen, begreifen und fernemen ſi auh nihts. Di klugen und
fernümftigen aber ferhalten ſih wi lebende, wi menshen,
di einen kopf haben. Es ſind alſo in der rehnung grade
niht das di lebenden, di es in gewönliꞓem ſinne ſind,
ſondern ſind di lebenden wirklih oder im grunde alein di
klugen und fernümftigen, aber di dummen und unfernümf
tigen ſind wirklih oder im grunde nur tot, kopflos und
menshen one geist und leben. Ꞡo haben di toten, di ſih im
rehnen als tote ergeben, am ende einen shlehten und
einen toten geist, oder keinen geist, in ſih. — Durh das
shlehte ſind wir im nahteil, durh das gute im forteil, oder
wir leiden durh das shlehte, aber niht durh das gute.
Ꞡind denn am ende niht auh alle, di keinen geist haben,

[di dummen], im nahteil gegen di, di geist haben [gegen di klugen], und leiden denn niht menshen one geist dadurh, das ſi keinen geist haben, wärend alle, di geist haben, durh iren geist im forteil ſind? Werden menshen mit geist niht besser fortkommen und das leben erhalten als menshen one geist? Wenn das ſo ist, ſo heist das in der rehnung, menshen mit geist [di klugen] werden das leben erhalten, menshen one geist [di dummen] aber niht. Diſe haben alſo am ende das leben ferloren, weil ſi keinen geist oder einen ungeist in ſih haben, und ferhalten ſih dan wi ermordete, di ir leben ferloren haben. Um ſi am leben wider zu erhalten, müsten ſi fom shlehten geiste, der ein unreiner, mörderisher geist ist, befreit werden, oder müste diſer aus, oder fon inen, getriben werden. Go ist zu spreħen, wenn wir rehnen und ſen es am ende nur di niht ein, di niht zu rehnen fersten. — Indem, das J͞s aus den befesnen oder ferrükten di unreinen geister austrib, wirt am ende angedeutet, wi in einem bilde, was durh X͞s im ferborgnen geshit. Das zu ſehende war am ende eine notwendige folge dafon, was durh X͞s im ferborgnen geshit, oder hängt das eine mit dem andern ſo zuſammen wi das bild mit dem wirklihen. Das bild ist durh das wirkliħe da und wirt das wirkliħe im bilde geſen. Dadurh ist noh nimand wirklih [im ferborgnen] fon den shlehten geistern befreit, wenn es im zu ſehenden, wi durh Jͤs an den befesnen, geshit, ſondern mus es noh im ferborgnen geshen, damit es am ende auh wirklih geshen ist. — Da alle am ende nur alles unrihtig begreifen und dan alſo alle auh das leben unrihtig begreifen, ſo begreifen alle am ende das leben niht [denn, was wir niht reht begreifen, das erhalten wir niht], und ſo müssen alle am ende den tod erhalten und ſind ſo im grunde alle tot, oder ſind di in gewönliħem ſin lebenden im grunde oder wirklih tote oder di toten wirklih und ſind ire toten nur di toten im bilde. Da alle im grunde tot ſind, di toten aber durh den tod um ir leben gebraht wurden, ſo ferhält ſih der tod wi ein mörder und ferhalten ſih di toten im ferborgnen wi durh einen mörder, den tod, ermordete. Wer wirt inen das leben wider geben können? Di bei den menshen klugen und fernümftigen? Nein, diſe niht, da ſi im grunde oder im ferborgnen auh nur tot gefunden werden. Es ist X͞s, der das leben im ferborgnen ist, der das leben im ferborgnen erhält, durh den alein das leben den toten [im ferborgnen] gegeben werden kan, und allen gegeben wirt,

di in als iren heiland aufnemen. Durh Jš erwekkungen
der toten im zu fehenden wurde offenbar, das durh Xš di
toten im ferborgnen das leben wider erhalten werden. Alle
haben einen toten geist in fih aufgenommen und beherbergen
in fih einen mörder, den tod, und werden am ende tot ge-
funden werden, wenn fi niht hiniden durh Xš wider zum
leben gebraht werden und der mörder, der tod, aus inen
getriben wirt. Wir erhalten entweder das leben oder er-
halten es niht. Erhalten wir das leben niht, fo ferhalten
wir uns wi mörder, di das leben niht erhalten und find
in der rehnung mörder. Erhalten wir das äusre leben
[das zu fehende leben], fo erhalten wir das leben im
grunde niht und find im grunde oder wirklih mörder.
Wenn wir unfer leben erhalten, fo erhalten wir das leben
im bilde, wirklih aber niht, oder wir tragen dan wol di
maske des lebens, aber wirklih, im ferborgnen, haben wir
das leben niht. Wenn di klugen unter den menshen alle
andern, di niht begreifen und fassen, was fi begreifen
und fassen, tot und kopflos nennen, fo wirt durh fi am
menshen ein zweifaher mensh begriffen, ein äusrer und ein
inrer; der äusre mit einem kopf und mit leben, der inre
one kopf und tot. Gind dan di fon den klugen kopflos
und tot genanten oder di dummen in allem das gegenteil
der klugen, wi di lebenden in allem das gegenteil der toten
find, fo ist an den klugen das im äusern zu begreifen,
was di klugen an den dummen im innern [am innern
menshen] begreifen, und wirt fih dan alfo der äusre mensh
[oder leib] der klugen wi ein erstorbner oder toter fer-
halten und in der rehnung tot zu nennen fein. Da aber
di bei den menshen klugen am ende nur ein bild der
wirklih klugen find, fo werden wir uns, wenn wir wirklih
klug find, wi di klugen [im bilde] ferhalten, dan aber bei
den menshen niht für klug gehalten werden können, weil
wir eben dan im bilde [im zu fehenden] niht di klugen
wären, oder niht, wi di klugen bei den menshen, dem
bilde dinten, fondern wirklih klug wären. Wenn wir zu
den bei den menshen klugen fagten, wir müsten an uns
einen erstorbnen oder toten leib zeigen, um wirklih leben
und geist in uns zu haben, fo würden fi uns niht fersten,
und uns am ende für ferrükt halten, und ist doh am
ende durh fi felbst [durh das, was fi felbst fagen] darauf
zu kommen. Gi begreifen das zu begreifende niht, weil
fi unrihtig begreifen und begreifen dan geist und leben
da [in fih], wo geist und leben wirklih niht zu begreifen

ist. Di bei den menshen klugen haben geist und leben, aber im grunde oder wirklih doh niht, und haben am ende grade di geist und leben, di fon inen für dum oder für menshen one geist und leben gehalten werden. Das in Xs am ende alein und wirklih das leben zu begreifen ist, das begreifen di klugen unter den menshen niht, aber di dummen [in irem fin] begreifen es am ende und find fo di klugen am ende di dummen und di dummen am ende di klugen, denn klug find di am ende, di das leben in Xs erhalten, aber niht di klugen, di ir leben erhalten, weil fi dadurh wirklih das leben niht erhalten. [Matt. 5, 3.] Als Js haufen um fih fa, lis er hinüber faren. Ein shrift- 18 gelerter trat zu im und sprah zu im: Lerer, ih werde dir 19 folgen, wo du hingingest. Js fagt zu im: Di füxe haben 20 gruben, di fögel unter dem himmel nester, aber des men- shen fon hat niht [eine stelle] wo er fein haupt hinlegte. [Womit fon Js angedeutet wurde, das, wer im folgen wolte, am ende auf der erde keine stelle hätte, wo er bleiben könte, da er zum ärmsten menshen werden müste.] Ein 21 andrer aus feinen lerlingen sprah zu im: Her, erlaube mir, zuerst wegzugen und meinen fater zu begraben. Js sprah 22 zu im: Folge mir, und las di toten ire toten begraben. [Unter den toten, di ire toten begraben, find di lebenden, oder alle zu fersten, di ire toten begraben, oder di men- shen, di lebende heisen, aber im ferborgnen tot find. Dan find aber di toten fershiden zu begreifen, di einen im fer- borgnen [im menshen], di andern im äusern, und find di zu fehenden toten ein bild der niht zu fehenden. Di toten werden niht wirklih begraben, wenn fi im bilde begraben werden, und begraben di toten [di lebende heisen], wenn fi ire toten begraben, di toten im bilde, aber niht wirklih. Das wirklihe wirt im ferborgnen gefen, an Xs am kreuz. In im wurden di toten gottes begraben und wurde durh den erstorbnen leib am kreuze das grab bedeutet, in dem di toten lagen. Di toten oder alle, di ire toten begraben, lassen di toten [im ferborgnen] unbegraben, da fi nur dem bilde dinen, aber niht dem wirklihen. Di toten müssen aber begraben werden, wenn fi zum leben auferften follen, wi das weizen-korn begraben werden mus, wenn es aufgen fol. So werden denn di toten [alle lebenden unter den menshen] niht zur auferstehung kommen, wenn fi niht begraben werden wi Xs am kreuz. Alle ligen in einem grabe, weil fih der leib, in dem der geist ferborgen ligt, wi ein grab ferhält, aber fi müssen in ein andres grab

2*

gelegt werden, in ein heiliges grab, in Xš grab, fonst
werden fi im grabe ligen bleiben, oder, wenn ir grab am
ende geöfnet wirt, werden fi im grabe gelassen werden,
weil der tote leib im grabe niht zum leben durh Xš ge-
kommen ist. Di gräber auf den kirh-höfen find ein bild,
aber das wirklihe ist im ferborgnen zu begreifen und fo,
wi es fon allen niht begriffen wirt, di alles am ende nur
unrihtig begreifen, oder nihts fo begreifen, wi es zu be-
greifen ist. Es ist in der rehnung das ganze al ein grab;
es wirt am ende der welt geöfnet werden, und werden di
im grabe zum leben kommen und leben, di leben [im fer-
borgnen] haben, di andern aber werden im grabe bleiben.]
Er stig ins bot und feine lerlinge folgten im. Get, es 23
entstand auf dem fe ein heftiger wind, das bot wurde fon 24
den wellen bedekt; er shlif. Di lerlinge traten zu im, 25
wekten in auf und sprahen: Her, hilf uns, wir gen unter.
Er spriht zu inen: Warum feit ir ferzagt, ir kleingläubigen? 26
Er stand auf und bedrote wind und fe; es entstand eine
grose stille. Di menshen ferwunderten fih und sprahen: 27
Wer ist er denn, das wind und fe im gehorhen? — Er kam 28
hinüber, in di gegend fon Gazara [Gadara.] Da lifen im
zwei befesne entgegen, di aus den toten-gräbern kamen
und fer grimmig waren, fo das nimand auf dem wege
forüber gen konte. Gi shrin: Jš, du fon gottes, was haben 29
wir mit einander? Du kamst uns zu qälen [auszufragen]
for der zeit. In der ferne fon inen war eine grose herde 30
shweine auf der weide. Di geister sprahen zu im: Treibst 31
du uns aus, fo erlaube uns, in di herde shweine zu faren.
Er sprah: Fart hin. Da furen fi aus, und in di herde 32
shweine hinein. Get, di ganze herde stürzte über das
steile ufer in den fe und kamen fi im fe um. Di hirten 33
flon, kamen in di stat und fagten alles, was mit den be-
fesnen geshen war. Get, es ging di ganze stat hinaus Jš 34
entgegen; als fi in fan, baten fi in, aus iren marken fort-
zugen. [Gi wolten liber ire shweine erhalten als das di
kranken durh Jš geheilt würden und ging Jš dan weg. Go
ferhalten fih am ende alle, di das nidre leben [das fergäng-
lihe leben] liber erhalten wollen als das höhere [das leben
im ferborgnen], und get dan Xš am ende fon inen weg.]

9. Er stig ins bot, fur hinüber und kam in feine 1
stat [Nazaret.] Get, fi brahten zu im einen gelämten, der 2
auf einem bette lag. Jš fa iren glauben und sprah zum
gelämten: Gei getrost, mein fon, dir werden deine fünden
fergeben. Get, einige unter den shrift-gelerten sprahen bei 3

ſih: Er lästert got. Da Jš ire gedanken ſa, sprah er: 4
Warum denkt ir arges in eurem herzen? Was ist leihter, 5
zu ſagen: Dir werden deine ſünden fergeben, oder zu ſagen:
Ste auf und wandle? Damit ir aber wüstet, das des men- 6
shen ſon auf erden maht hat, ſünden zu fergeben, ſo
spriht er zum gelämten: Ste auf, hebe dein bet auf und
ge heim. Er stand auf und ging heim. Di haufen ſan 7
es, fürhteten ſih und rümten got, der ſolħe maht den men- 8
shen gab. — Jš ging forüber, ſa am zol einen menshen ſizen, 9
der Mattäus his, und sprah zu îm: Folge mir. Er stand
auf und folgte îm. Es begab ſih, als er zu tishe im haufe 10
[ſon Mattäus] ſas, das file zölner und ſünder kamen und
ſih mit Jš und ſeinen lerlingen zu tishe ſezten. Di fari- 11
ſäer ſan es und spraħen zu ſeinen lerlingen: Warum ist
euer lerer mit zölnern und ſündern? Jš hörte es und 12
sprah zu inen: Di starken haben keinen arzt nötig, ſon-
dern di kranken. Get hin und lernt, was das heist: Ih 13
wil barmherzigkeit und kein opfer. Ih kam, di ſünder zur
buse zu rufen und niht di frommen. — Da kommen zu îm 14
Johannes lerlinge und spreħen: Warum fasten wir und di
fariſäer fil und deine lerlinge fasten niht? Jš sprah zu 15
inen: Wi können eines braut-zuges kinder leid tragen, ſo-
lange der bräutigam unter inen ist? Es wirt di zeit kom-
men, das der bräutigam ſon inen genommen wirt, dan wer-
den ſi fasten. Nimand nät an einen alten rok ein stük 16
ungewalktes zeug, weil es [ſih einzin und] ſom rok reisen
und ein grösrer ris als forher entsten würde. Man fast 17
most [jungen wein] niht in alte shläuħe, weil di shläuħe
reisen, der wein ausflist und di shläuħe ferderben. Man
mus most in neue shläuħe fassen, ſo wirt beides erhalten.
Als er dis mit inen redete, ſet, da kam einer der obersten, 18
fil for îm hin und sprah: Her, meine tohter endete eben
ir leben, aber kom, lege deine hand auf ſi, ſo wirt ſi leben.
Jš stand auf und folgte îm mit ſeinen lerlingen. Get, ein 19
weib, das zwölf jar am blut-flus lit, trat ſon hinten zu îm 20
und rürte ſeines kleides ſaum an, denn ſi sprah bei ſih: 21
Rürte ih nur ſein kleid an, ſo werde ih geſund werden.
Jš wante ſih um, ſa ſi und sprah: Gei getrost, meine toh- 22
ter, dein glaube hat dir geholfen. Fon der stunde an war
das weib geſund. Als Jš in des obersten haus kam, di 23
spiler ſa und das getümmel des haufens, sprah er zu inen: 24
Zit euh zurük, das mädħen starb niht, ſondern shläft. Gi
ferlahten in. Als der haufe hinausgetriben war, ging er 25
hinein, faste ire hand und das mädħen stand auf. Das 26

gerüht fon ir ershol dort in das ganze land. Jš ging fon 27
dannen; es folgten im zwei blinde nah, di shrin: Ah, du
fon Dawids, erbarme dih unfrer. Er ging in ein haus, di 28
beiden blinden kamen zu im. Jš sprah zu inen: Glaubt
ir, das ih euh das tun kan? Gi sprañen zu im: Ja, her.
Da rürte er ire augen an und sprah: Euh geshehe nah 29
eurem glauben. Ire augen öfneten fih. Jš bedrote fi und 30
sprah: Get zu, nimand erfare es. Gi gingen aber und brah- 31
ten das gerüht fon im durh das ganze land dort aus. Als 32
fi weggegangen waren, fet, da brahten fi zu im einen
menshen, der stum und befessen war. Der geist wurde 33
ausgetriben und der stumme redete. Di haufen ferwun-
derten fih und fagten fi: Go etwas wurde noh ni in Ifrael
gefen; di farifäer aber sprañen: Er treibt di geister durh 34
den obersten der geister aus. — Jš ging umher in alle stäte 35
und flekken, lerte in iren ferfamlungen, ferkündigte di
gute botshaft fom reih [gottes] und heilte im folk alle
krankheit und alle feuñe. Gi folgten im nah. Als er di 36
haufen fa, wurde fein herz durh fi aufgezert, denn fi
waren wi shafe, di keinen hirten haben, zerissen und zer-
streut. [Ein bild des im ferborgnen an allen zu fehenden.]
Da spriht er zu feinen lerlingen: Di ärnte ist gros, aber 37
es find nur wenige arbeiter. Bittet alfo den hern der 88
ärnte, arbeiter in feine ärnte zu fenden. [Es ist fil zu
shneiden, aber es find nur wenige shnitter. Ein gleihnis,
in welñem mit dem korn der leib des menshen bedeutet
wirt, der zu shneiden ist, um korn [brod] fürs ewige leben
zu erhalten. Di shnitter des kornes zeigen im bilde, was
geshen mus, aber wirklih shneiden fi das korn niht,
fondern lassen es sten und umkommen, da das wirkliñe
im ferborgnen an Xš am kreuz geshit und wirt das ge-
shnitne fon Xš korn [leib] durh das geshnitne feines leibes
am kreuze [mit dem spere] angedeutet.]

10. Er rif feine zwölf lerlinge zu fih und gab inen 1
maht über di unreinen geister, um fi auszutreiben und fon
aller krankheit und shwäñe zu heilen. Di namen der zwölf 2
abgefanten find: Zuerst Gimon, der Petrus genant wirt,
[dan] Andreas, fein bruder; Jakobus, Zebedäus fon; Jo-
hannes, fein bruder; Filippus; Bartolomäus; Tomas; Mat- 3
täus, der zölner; Jakobus, Alfäus fon; Lebbäus, mit dem
zunamen Taddäus; Gimon fon Kana und Judas aus Kariot, 4
der in ferrit. Jš fante dife zwölf aus und gebot inen: 5
Get niht auf den weg der heiden, zit niht in der Gamarier
stäte, fondern get liber zu den ferlornen shafen aus Ifraels 6

haus. Get und ferkündiget: Das himmel-reih ist na ge- 7
kommen. Maht di kranken gefund, reinigt di ausfäzigen, 8
wekt di toten auf, treibt di geister aus. Ir emfingt umfonst,
gebt es umfonst. Ir würdet niht gold, filber und kupfer in 9
euren gürteln haben; keine tashe auf den weg, niht zwei 10
hemde, weder shue, noh einen stab. Ein arbeiter ist feines
lones wert. Kämet ir in eine stat oder einen flekken, fo er- 11
kundigt euh, ob jemand da ist, der es wert ist, und bleibt
bei im, bis ir fon dannen zöget. Kämet ir in ein haus, fo 12
begrüst es. Wenn das haus es wert wäre, fo komme euer 13
fride auf fi; wäre es aber niht wert, fo kere euer fride
wider zu euh zurük. Würde jemand euh niht aufnemen 14
und niht auf euh hören, fo get aus dem haufe oder der stat
und shüttelt den staub fon euren füsen. Warlih, ihfageeuh: 15
Es wirt am tage des gerihtes dem lande der Godomer und
Gomorrer erträglifer ergen als der stat. Get, ih fende euh 16
wi shafe mitten unter wölfe; feit daher klug wi di shlange
und arglos wi di tauben. Hütet euh for den menshen; fi 17
werden euh in iren rat übergeben, euh in iren ferfam-
lungen geiseln; euh, um meines namens willen, for fürsten 18
und könige füren, inen und den heiden zum zeugnis. Wenn 19
fi euh übergeben würden, fo forgt niht, wi oder was ir
fagtet, denn es wirt euh zu der stunde gegeben werden,
was ir fagtet. Ir redet niht, fondern es ist eures faters 20
geist, der durh euh redet. Es wirt ein bruder den andern 21
dem tode übergeben [der bruder, der Jude heist, aber
kein Jude ist, den bruder, der wirklih ein Jude ist], der
fater den fon; di kinder werden gegen di eltern aufsten,
[di unfernümftigen gegen di fernümftigen] und fi umbringen.
Ir werdet, um meines namens willen, fon allen gehast 22
werden. Wer bis ans ende [des lebens] ausharren würde,
der wirt errettet werden. Würden fi euh in einer stat 23
ferfolgen, fo flit in eine andre. [Würden fi euh in der
welt ferfolgen, fo flit in den himmel.] Warlih, ih fage
euh: Ir folendetet Ifraels stäte niht bis des menshen fon
käme. Der lerling ist niht über feinen lerer; der kneht 24
niht über feinen hern. Es ist genug für den lerling, das 25
er wi fein lerer, und der kneht wi fein her würde.
Nanten fi den haus-hern Belzebub [fatan], wi fil mer
werden fi feine haus-genossen fo nennen? Fürhtet euh 26
for inen niht. Es ist nihts ferborgen, was niht offenbar
werden wirt, und nihts heimlih, was man niht wissen wirt.
Was ih euh in der finsternis [der welt] fage, das redet im 27
liht [des geistes], und, was ir ins or hört, das ferkündigt

auf den däħern [was ir durh den geist im stillen, wi
ins or hört, das ſagt allen laut.] Fürhtet euh for denen 28
niht, di den leib töten werden, aber di ſele niht töten
können; fürhtet euh fil mer for dem, der leib und ſele in
der hölle ferderben lassen kan [for got bei ſeiner ershei-
nung am ende der welt, wo for ſeinem lihte di finsternis, der
dunkle geist diſer welt, fershwinden wirt.] Kauft man niht 29
zwei sperlinge für einen mark? Doh wirt keiner fon inen
one euren fater auf di erde fallen. Es ſind aber auh alle 30
eure hare auf dem haupte gezält. Fürhtet euh daher niht, 31
ir ſeit besser als file sperlinge. Wer mih for den menshen 32
bekennen wirt, den werde ih for meinem himlishen fater
bekennen. Wer mih for den menshen ferleugnete, den 33
werde ih for meinem himlishen fater ferleugnen. Wänt 34
niht, das ih kam, um friden auf di erde zu bringen; ih
kam niht, um friden zu bringen, ſondern das shwert [den
krig und kamf des gerehten mit dem ungerehten, in wel-
ħem der gerehte unterligen mus, um am ende erwekt zu
werden.] Ih kam, den menshen gegen ſeinen fater zu er- 35
regen [den menshen mit leben im ferborgnen, der wirklih
leben hat, gegen den fater, der im bilde, aber niht wirklih
fater ist], di tohter gegen ire mutter, di shnur gegen ire
shwiger. Des menshen feinde ſind ſeine haus-genossen. 36
[Der mensh, der Xŝ aufnemen wil, erhält alle zu feinden,
da alle nur das unrihtige begreifen und dan mit dem, was
ſi wollen, bewust oder unbewust, im grunde oder wirklih
niht das gute wollen, wenn ſi auh das gute zu tun shei-
nen.] Wer fater oder mutter mer libt als mih, der ist 37
meiner niht wert. Wer ſon oder tohter mer libt als mih,
der ist meiner niht wert. Wer ſein kreuz niht auf ſih 38
nimt und mir nahfolgt, der ist meiner niht wert. Wer 39
ſein leben findet, der wirt es ferliren. [Wer das fergäng-
liħe leben findet und niht um Xŝ willen hingibt, der
wirt das leben im geiste ferliren.] Wer ſein leben um
meinetwillen ferlirt, der wirt es finden. [Wer das fergängliħe
leben um Xŝ willen ferlirt, wirt das ewige leben finden.]
Wer euh aufnimt, der nimt mih auf. Wer mih aufnimt, der 40
nimt den auf, der mih ſante. Wer einen profeten in eines 41
profeten namen aufnimt, der wirt eines profeten lon emfang-
en. Wer einen gerehten in eines gerehten namen aufnimt,
wirt eines gerehten lon emfangen. Wer einem diſer kleinen 42
[einem kinde gottes] nur ein glas mit kaltem wasser im namen
eines lerlings zu trinken gäbe, warlih, ih ſage euh, er käme
niht um ſeinen lon. [Ꮹi gaben Xŝ essig zu trinken.]

11. Es begab fih, als Jŝ dis gebot an feine 12 ler- 1
linge folendet hatte, ging er fon dannen, in iren stäten zu
leren und [das reih gottes] zu ferkündigen. Johannes 2
hörte im gefängnis Xŝ werke; er fante zwei feiner lerlinge
zu îm, und lis îm fagen: Bist du, der komt, oder erwar- 3
teten wir einen andern? Jŝ antwortete inen: Get und fagt 4
Johannes, was ir fet und hört. Di blinden fen, di lamen 5
gen, di ausfäzigen werden rein, di tauben hören, di toten
sten auf, den armen wirt eine gute botshaft gebraht. Gelig 6
ist, wer fih niht an mir ärgerte. Als fi hingingen, fing 7
Jŝ zu den haufen fon Johannes zu reden an: Was gingt ir
in di wüste hinaus zu fen? Ein fom winde bewegtes ror?
Aber, was gingt ir hinaus zu fen? Um einen menshen in 8
weihe kleider angezogen zu fen? Get, di weihe kleider
tragen, di find in der könige häufern. Aber, was gingt ir 9
hinaus zu fen? Um einen profeten zu fen? Ja, ih fage
euh, um einen zu fen, der auh mer als ein profet ist. Er 10
ist es, fon dem geshriben ist: Get, ih fende meinen boten
for dir her, der deinen weg [Xŝ weg zu inen] bereiten
wirt. Warlih, ih fage euh: Unter allen fon weibern ge- 11
bornen ist keiner aufgekommen, der gröser als der täufer
Johannes ist, alein der kleinste im himmel-reih ist gröser
als er. Geit Johannes, des täufers, tagen bis jezt leidet 12
das himmel-reih gewalt und di gewalttätigen berauben es.
[Wirt das gerehte im himmel-reih begriffen, fo war das
himmel-reih in Xŝ uns na gekommen, da es dan in Xŝ
begriffen werden muste. Xŝ wurde aber in der welt be-
raubt, indem fi im das kleid feines lebens namen oder
raubten, daher wurde am ende das himmel-reih [in im]
beraubt und find dan di gewalttätigen alle in der welt.]
Alle profeten und das gefez weisfagten bis auf Johannes 13
[kamen auf das bild fon Xŝ in Johannes, indem Johannes
mit feiner taufe das bild der taufe durh Xŝ, der wirklihen
taufe, zeigte.] Wenn ir es annemen wolt, er ist Elias, der 14
kommen fol [im bilde.] Wer oren hat, um zu hören, 15
der höre. Mit wem werde ih dis geshleht fergleihen? 16
Es ist den auf den märkten fizenden kindern gleih, di
andern zurufen: Wir spilten euh for und ir sprangt niht 17
auf; wir fangen ein trauriges lid, und ir weintet niht.
Johannes kam, as niht und trank niht, fo fagen fi: Er hat 18
einen geist. [er ist ferrükt.] Des menshen fon kam, ist 19
und trinkt, fo fagen fi: Get, was der mensh für ein fresser
und wein-fäufer ist, ein gefelle der zölner und fünder. Di
weisheit wurde durh ire werke (ire kinder) gerehtfertigt

[ire werke, ire kinder, ſprahen für ſi.] Da fing er di ſtäte 20
zu ſhelten an, in welhen ſeine meiſten taten geſhen waren,
das ſi niht iren ſin änderten. Wehe dir, Chorazin, wehe 21
dir, Betsaida, wären ſolhe taten in Tyrus und Ꙅidon ge-
ſhen wi ſi bei euh geſhen ſind, ſi hätten längſt im ſak
und in der aſhe buſe getan. Doh ih ſage euh, es wirt 22
Tyrus und Ꙅidon am tage des gerihtes erträgliher ergen
als euh. Und du, Kapernaum, du wurdeſt bis an den 23
himmel erhoben, du wirſt bis in di hölle hinunter geſtoſen
werden. [Da inen in Xꝛ der himmel na gekommen war,
ſo waren ſi bis an den himmel gekommen und ſan den
himmel [in Xꝛ], da ſi aber den himmel [Xꝛ] niht wolten,
ſo werden ſi am ende in di hölle hinunter geſtoſen werden.]
Wenn in Ꙅodom di taten geſhen wären, di bei dir geſhen
ſind, es ſtände noh am heutigen tage. Doh ih ſage euh, 24
es wirt dem Ꙅodomer lande am tage des gerihtes erträg-
liher ergen als dir. [Ꙅi bekamen niht das himmel-reih
zu ſen [in Xꝛ], das di in Kapernaum zu ſen bekamen.
Diſen wurde fil gegeben; wem aber fil gegeben wirt, fon
dem wirt fil gefordert werden.] Zu der zeit ſprah Jꝛ: Ih 25
geſte dir, fater, her des himmels und der erde, das du das
den weiſen und klugen [unter den menſhen] ferbargſt und
es den unmündigen [in irem ſin] offenbarteſt [das Xꝛ
alles fon got übergeben wurde, das in Xꝛ alle ſhäze der
weisheit und erkentnis ferborgen ligen, das Xꝛ di leiter
zum himmel iſt, und der menſh nur durh Xꝛ fon der erde
zum himmel komt.] Ja, fater, ſo war es wolgefällig for 26
dir. Alles wurde mir fon meinem fater übergeben. Ni- 27
mand kent den ſon als nur der fater, und kent auh
nimand den fater als nur der ſon und der, dem der ſon
es offenbaren wolte. — Komt her zu mir alle, di ir mü- 28
ſelig und beladen ſeit, ih werde euh erqikken. Nemt 29
mein joh auf euh und lernt fon mir; ih bin ſanftmütig
und fon herzen demütig, ſo werdet ir für eure ſelen ruhe
finden. Mein joh iſt ſanft und meine laſt iſt leiht. [Da- 30
mit deutet Jꝛ an, das di laſt der welt niht leiht und das
joh der welt niht ſanft iſt. Wenn wir durh Xꝛ zu den
elendeſten und ärmſten menſhen werden, keine ſtelle ha-
ben, wo wir unſer haupt hinlegen könten, durh hunger,
durſt und blöſe leiden müſſen, ſo ſheint Xꝛ joh und laſt
ſhwerer und härter als das fon der welt auferlegte joh
und als di laſt der welt. Xꝛ fil unter ſeiner laſt [des kreu-
zes], und erlag unter ſeinem joh [des kreuzes]; aber wir ſan
ja doh auh, das er am ende wider aufſtand und keine laſt

und kein joh mer hatte. Di welt sheint keine ſo shwere last wi Xs̄ aufzulegen, aber wir ſen am ende alle erligen, und niht mer aufsten, di ire last auf ſih nemen, und legte alſo am ende di welt allen eine unerträgliħe last auf, unter der alle am ende erlagen, di ire last auf ſih namen, wärend durh Xs̄ eine erträgliħe last aufgelegt wurde, di alle ertragen konten und daher unter derſelben niht am ende das leben ferloren, ſondern erhilten.]

12. Js̄ ging zu der zeit am ſabbat durh di korn- 1 felder; ſeine lerlinge waren hungrig und fingen ären ab zu reisen und zu essen an. Di fariſäer ſan es und 2 spraħen zu im: Ɵi, deine lerlinge tun, was ſih am ſabbat zu tun niht gezimt. Er sprah zu inen: Laſet ir niht, was 3 Dawid tat, als er hunger hatte und di mit im waren? Wi 4 er in gottes haus ging, di shau-brode as, di im niht zu essen gezimten, auh niht denen, di mit im waren, ſondern nur den geistliħen? Oder laſet ir niht im geſez, das am 5 ſabbat di geistliħen den ſabbat im tempel breħen und doh one shuld ſind? Ih ſage euh, das hir der ist, der gröser 6 als der tempel ist. [Indem der tempel ein bild fon Xs̄, und Xs̄ der wirkliħe tempel gottes ist.] Wenn ir wüstet, 7 was das heist: Ih wil barmherzigkeit und kein opfer, ſo hättet ir di unshuldigen niht ferurteilt; des menshen ſon 8 ist her auh über den ſabbat. [Alle opfer, di nah dem geſez gebraht werden, ſind am ende nur bilder der opfer, di durh Xs̄ im ferborgnen am kreuze wirklih gebraht wurden. Mit den opfern nah dem geſez wirt dem bilde gedint, aber niht dem wirkliħen, wi mit der erfüllung der ſabbat-feier, nah dem buh·staben, dem bilde, aber niht dem wirkliħen. Der ſabbat ist niht mer als ein andrer tag und im geſeze nur mer als ein andrer tag, um anzudeuten, das es eine ſabbat-feier, einen ruhe-tag, gibt, eine ruhe gottes, di besser als di ruhe des menshen ist, ſonst aber hat der ſabbat weiter gar keine bedeutung.] Er ging 9 fon dannen und in ire ferſamlung. Ɵet, es war da ein 10 mensh mit einer ferdorten hand. Ɵi fragten in: Ist es reht, am ſabbat zu heilen? Damit ſi etwas gegen in hätten. Er sprah zu inen: Wer wirt unter euh ſein, der ein shaf 11 hat, wenn es im am ſabbat in eine grube file, der es niht ergreifen und aufheben würde? Wi fil besser ist ein mensh 12 als ein shaf. Es ist alſo reht, am ſabbat shön zu handeln. Da spriht er zum menshen: Strek deine hand aus. Er 13 strekte ſi aus, ſi war hergestelt und geſund wi di andre. Di fariſäer gingen hinaus und hilten rat über in, wi ſi in 14

umbrähten. Jš merkte es und wih fon dannen. Es folgten 15
im file [kranke], er heilte ſi alle. Er bedrote ſi, das ſi in 16
niht [dadurh] offenbar mahten; damit das durh den profeten 17
Jeſaias geſagte erfült würde: Set, das ist mein kneht, den 18
ih erwälte; mein liber, an dem meine ſele wolgefallen
hatte; ih werde meinen geist auf in legen und er wirt
den heiden das geriht ferkündigen. Er wirt niht zanken, 19
er wirt niht shrein, man wirt auf den gassen ſeine stimme
niht hören. Er wirt das gebrohne ror niht zershlagen und 20
den glimmenden doht niht auslöshen, bis er das geriht
zum ſige ausfürte. [Durh Xš werden di kranken [im fer-
borgnen] niht in irer krankheit gelassen und zershlagen
wi durh den menshen, ſondern [im ferborgnen] geheilt;
durh Xš wirt das shon erloshne liht des menshen niht
am ende wi durh den menshen ausgelösht, ſondern zum
brennen im leben gebraht.] Di heiden werden auf ſeinen 21
namen hoffen [nämlih di heiden, di bei den Juden heiden
heisen, oder nah dem buh-staben niht Juden ſind, aber
im grunde das geſez erfüllen und dadurh wirklih oder im
ferborgnen Juden ſind.] Da wurde ein beſesner zu im 22
gebraht, der blind und stum war. Er heilte in ſo, das
der blinde und stumme redete und ſa. Alle haufen en- 23
zezten ſih und spraĥen: Ist er niht Dawids ſon? Di fari- 24
ſäer hörten es und spraĥen: Er treibt di geister nur mit
Belzebub, dem obersten der geister, aus. Jš merkte ire ge- 25
danken und sprah zu inen: Jedes mit ſih ſelbst uneinige
reih wirt wüste und jede mit ſih uneinige stat oder wo-
nung wirt niht besten. Wenn ein ſatan den andern aus- 26
treibt, ſo wurde er mit ſih uneins, wi wirt dan ſein reih
besten? Wenn ih mit Belzebub [dem ſatan] di geister aus- 27
treibe, mit wem treiben eure kinder ſi dan aus? Si wer-
den daher eure rihter ſein. Wenn ih mit gottes geist di 28
geister austreibe, ſo kam gottes reih euh damit zufor.
Oder, wi kan jemand in eines starken haus gen und ſei- 29
nen haus-rat rauben, wenn er niht den starken zufor
bände und dan ſein haus beraubte? Wer niht mit mir 30
ist, der ist gegen mih, und wer niht mit mir ſammelt, der
zerstreut. Ih ſage euh: Es wirt dem menshen alle ſünde 31
und lästrung fergeben werden, aber di lästrung des geistes
wirt niht fergeben werden. Wer etwas gegen des menshen 32
ſon ſagte, dem wirt es fergeben werden, wer aber etwas
gegen den heiligen geist ſagte, dem wirt es, weder in diſer,
noh der kümftigen welt, fergeben werden. [Es gibt eine
ſünde im fergänglihen oder im äusern und eine ſünde im

unfergänglifen oder im ferborgnen. Di erste wirt fergeben,
di lezte niht, weil fih di erste zur lezten wi das niht wirk-
lifte zum wirklifen ferhält. Wir begen im äusern [im
bilde, nah dem buh-staben] eine fünde, müssen fi am ende
begen und müssen als fünder den heiden ersheinen, wenn
wir im ferborgnen gereht werden, dife fünde wirt aber
fergeben, weil fi nur im fergänglifen begangen wirt und
niht bleibt wi di im ferborgnen begangne fünde, di fon
allen begangen wirt, di das wirklih gerehte im geiste un-
rein nennen und ferleumden.] Ir fezt entweder einen shö- 33
nen baum [in euhJ, der shön trägt, oder ir fezt einen
faulen baum [in euh], der shleht trägt. [Der mensh ist
entweder gereht oder ungereht; er erhält entweder das
leben, und ist dan kein mörder, oder er erhält es niht
und ist dan ein mörder. Eins fon beiden mus der mensh
fein.] Man erkent den baum daran, was er trägt. Ir 34
nattern-gezühte [ir shlangen mit masken des menshen], wi
könt ir gutes reden, da ir böfe feit? [shlangen feit?] Wo-
fon das herz fol ist, dafon get der mund über. Der gute 35
mensh bringt gutes aus dem guten shaz feines herzens;
der böfe mensh bringt böfes aus feinem böfen shaz. Ih 36
fage euh, das di menshen am tage des gerihtes fon jedem
unnüzen worte, das fi redeten, refenshaft geben werden.
Du wirst aus deinen worten gerehtfertigt, und aus deinen 37
worten ferurteilt werden. [Der mensh wirt am ende
aus dem, was er felbst fagt, ferurteilt werden.] Da ant- 38
worteten im einige der shrift-gelerten und farifäer: Lerer,
wir wollen ein zeifen fon dir fen. Er sprah zu inen: Das 39
böfe, ehebrefterishe geshleht [der menshen] fuht ein zeifen
und wirt demfelben kein zeifen gegeben werden als nur
das zeifen des profeten Jonas. Wi Jonas drei tage und 40
drei nähte in des walfishes bauh war, fo wirt des menshen
fon drei tage und drei nähte im herzen der erde fein.
[Womit Jš im gleihnis andeutete, das er fih wi ein in der
erde oder unter der erde, im grunde der erde, drei tage
und drei nähte begraben ligender ferhalten würde, indem
fih das herz wi das inre, niht zu fehende ferhält.] Di 41
menshen fon Niniwe werden am gerihte mit difem ge-
shlehte aufsten und es ferurteilen; fi taten nah Jonas fer-
kündigung buse; fet, hir ist mer als Jonas. Di königin 42
fon mittag wirt am gerihte mit difem geshlehte aufsten
und es ferurteilen; fi kam fom ende der erde, Ɵalomos
weisheit zu hören; fet, hir ist mer als Ɵalomo. — Wenn 43
der unreine geist fom menshen ausget, fo durhwandelt er

dürre örter, fuht ruhe und findet fi niht. Dan spriht er: 44
Ih werde wider in mein haus, fon wo ih ausging, zurük-
keren. Er komt und findet es müssig, gefegt und geshmükt.
Dan get er, nimt fiben andre geister, di ärger find als er 45
felbst, zu fih; fi kommen hinein, wonen da und wirt es
mit dem menshen zulezt shlimmer als zuerst. Go wirt es
mit difem argen geshleht gen. Er redete noh zu den 46
haufen, fet, da standen feine mutter und feine brüder
drausen und wolten mit im spreñen, (Einer sprah zu im: 47
Gi, deine mutter und deine brüder sten drausen und wollen
mit dir spreñen.) Er sprah zu dem, der es im fagte: Wer 48
ist meine mutter? Wer find meine brüder? Er rekte 49
di hand gegen feine lerlinge aus, und sprah: Get, meine
mutter, meine brüder. Wer den willen meines faters im 50
himmel täte, der ist mein bruder, meine shwester und
meine mutter.

13. An jenem tage ging Jē aus dem haufe und fezte 1
fih am fe. Es ferfammelten fih bei im file haufen; daher 2
stig er in ein bot und fezte fih darin;. der ganze haufe
stand am ufer. Er sprah files zu inen in gleihnissen und 3
fagte: Get, es ging ein fäe-man aus, um zu fäen. Indem er 4
fäte, fil einiges auf den weg; fögel kamen und frasen es
auf. Einiges fil auf steinihten boden, wo es niht fil erde 5
hatte, und ging fogleih auf, weil es niht tif in der erde
war. Als aber di fonne aufging, ferwelkte es und wurde, 6
da es niht wurzel hatte, dürre. Einiges fil unter disteln, 7
di disteln wuxen auf und erstikten es. Einiges fil auf 8
shönes land und trug; einiges hundert-, einiges fehzig-,
einiges dreisig-fältig. Wer oren hat, um zu hören, der höre. 9
Di lerlinge traten zu im und sprañen: Warum sprihst du 10
zu inen in gleihnissen? Er antwortete: Euh ist es gegeben, 11
des himmel-reiñes geheimnisse zu erkennen, inen ist es
niht gegeben. Wer hat [im ferborgnen hat], dem wirt ge- 12
geben werden [alles, das ewige leben], er wirt überflus
haben; wer niht hat, fon dem wirt auh, was er hat, ge-
nommen werden [das fergängliñe leben und er wirt am
ende nihts haben.] Ih rede zu inen in gleihnissen, da fi 13
augen haben und niht fen, oren haben und niht hören
und fernemen [wi di toten, di augen haben und niht fen;
oren haben und niht hören.] An inen wirt Jefaias weis- 14
fagung erfült: Mit den oren werdet ir hören und ir fer-
nämet es niht; mit augen werdet ir fen und ir fähet es
niht; denn difes folkes herz wurde ferhärtet, fi hörten mit 15
iren oren shwer und shlossen ire augen, damit fi niht

einmal mit den augen fähen, mit den oren hörten, mit
dem herzen fernämen, fih bekerten und ih inen hülfe. Selig 16
find eure augen, da fi fen, eure oren, da fi hören. Warlih, 17
ih fage euh, file profeten und gerehte wünshten zu fen,
was ir fet und fi fan es niht [di ersheinung fon got auf
erden], und zu hören, was ir hört, und fi hörten es niht
[wi, oder durh welhen weg der mensh fon der erde zum
himmel kommen kan.] So hört nun ir das gleihnis fom 18
fäe-man. Wer das wort fom reih hört und niht ferstet, zu 19
dem komt der böfe und raubt, was in fein herz gefät
wurde; der ist es, der auf den weg gefät wurde. Der auf 20
den steinihten boden gefät wurde, das ist der, der das
wort hört, es gleih mit freude aufnimt, in dem es aber 21
niht wurzel hat; es ist eine zeitlang da, wenn trübsal oder
ferfolgung um des wortes willen entstet, fo ärgert er fih
gleih [und fält ab.] Das unter disteln gefät wurde, das 22
ist der, der das wort hört, aber di forge difer welt und
der betrug des reihtums erstikken [in im] das wort, er
trägt niht. Das auf shönes land gefät wurde, das ist der, 23
der das wort hört, ferstet und trägt. Einiges trägt hun-
dert-, einiges fehzig-, einiges dreisig-fältig.—Er legte inen 24
ein andres gleihnis for: Das himmel-reih wurde gleih einem
menshen, der shöne fat in fein feld fäte. Wärend di men- 25
shen shlifen, kam fein feind, fäte unkraut zwishen den
weizen und ging dafon. Als di halme shossen und trugen, 26
ershin auh das unkraut. Di knehte kamen zum haus-hern 27
und sprahen: Her, fätest du niht shöne fat in dein feld?
Woher hat es denn unkraut? Er sprah zu inen: Das tat 28
der feind. Di knehte sprahen: Wilst du, das wir hingingen
und es fammelten? Er fagt: Nein, damit ir niht beim 29
fammeln des unkrautes zugleih den weizen ausrisset. Last 30
beides zufammen bis zur ärnte waxen; um di ärnte-zeit
werde ih zu den shnittern fagen: Sammelt zuerst das un-
kraut, bindet es in bündel zum ferbrennen, aber den
weizen fürt in meine sheune ein. — Er legte inen ein 31
andres gleihnis for: Das himmel-reih ist gleih einem
fenf-korne, das ein mensh nam und in fein feld fäte. Es 32
ist das kleinste unter den famen-körnern [di ausgefät
werden, wi di famen-körner der kinder gottes], wenn es
aber auswüxe, fo ist es gröser als der kol und wirt zu
einem baum, und kommen di fögel des himmels und fezen
fih auf di zweige. — In einem andern gleihnis sprah er zu 33
inen und fagte: Das himmel-reih ist gleih einem fauer-teig,
den ein weib nam und unter drei mas mel einmengte, bis

es ganz durhfäuert wurde [und ein zu bròd brauhbarer
teig wurde.] — Jŝ redete das alles in gleihnissen zu den 34
haufen, one gleihnis sprah er niht zu inen. Damit das 35
durh den profeten Jefaias gefagte erfült würde: Ih werde
meinen mund in gleihnissen auftun und das fon anfang
der welt ferborgne ausspreñen. Da lis Jŝ di haufen und 36
ging in ein haus. Geine lerlinge traten zu ìm und sprañen:
Deute uns das gleihnis fom unkraut auf dem felde. Er 37
sprah zu inen: Des menshen fon ist es, der shöne fat fät;
das feld ist di welt; di shöne fat find di kinder des 38
reihs; das unkraut find di kinder des böfen; der feind, 39
der fi fäte, ist der ferleumder; di ärnte ist das ende der
welt; di shnitter find boten. Wi das unkraut gefammelt 40
und im ofen ferbrant wirt, fo wirt es auh am ende der
welt fein. Des menshen fon wirt feine boten fenden, fi 41
werden aus feinem reih alle ärgernisse und alle, di unreht
tun, fammeln, und fi in den brennenden ofen werfen; 42
da wirt das weinen und das zäne-klappern fein. Dan 43
werden di gerehten in ires faters reih wi di fonne leuhten.
Wer oren hat, um zu hören, der höre. — Weiter ist das 44.
himmel-reih gleih einem ferborgnen shaz im felde, den
ein mensh fand und ferbarg; iu feiner freude get, alles,
was er hat, ferkauft, und das feld kauft. — Weiter ist das 45
himmel-reih gleih einem kauf-man, der shöne perlen fuhte.
Als er eine wertfolle perle fand, ging er hin; er hat alles 46
ferkauft, was er hatte, und kaufte fi. — Weiter ist das him- 47
mel-reih gleih einem in den fe geworfnen neze, mit dem
man fershidne arten [fishe] fängt. Wenn es fol würde, zögen 48
fi es ans ufer, fäsen und läfen di guten in ein gefäs zu-
fammen, aber di shlehten würfen fi weg. Go wirt es auh 49
am ende der welt fein. Di boten werden ausgen, di böfen
fon den gerehten sheiden, und werden fi in den brennen- 50
den ofen werfen; da wirt das weinen und das zäne-
klappern fein. Jŝ spriht zu inen: Ferstandet ir das alles? 51
Gi sprañen zu ìm: Ja, her. Da sprah er: Daher ist jeder 52
im himmel-reih [in Xŝ] unterrihtete shrift-gelerte einem
haus-hern gleih, der aus feinem shaz neues und altes
bringt [neues, durh di neue auslegung, im grunde altes,
bekantes.] — Es begab fih, als Jŝ dife gleihnisse folendet 53
hatte, ging er fon dannen, kam in feine fater-stat und 54
unterrihtete fi in irer ferfamlung. Gi enzezten fih und
sprañen: Wo hat er dife weisheit und dife kräfte her? Ist 55
er niht eines zimmer-mans fon? Heist niht feine mutter
Maria, feine brüder Jakob, Jofes, Gimon und Judas? Gind 56

niht alle feine shwestern bei uns? Wo hat er denn das
alles her? Gi ärgerten fih über in. Jš fagte zu inen: 57
Ein profet wirt in feiner heimat und in feinem haufe niht
geert. Er zeigte dafelbst, um ires unglaubens willen, niht 58
file kräfte [fon fih.]
14. Zu der zeit hörte der firfürst Herodes das gerüht 1
fon Jš. Er sprah zu feinen knappen: Er ist der täufer 2
Johannes, der fon den toten erwekt wurde, daher tut er
folhe taten. Herodes hatte, wegen der Herodias, feines 3
bruders Filippus weib, Johannes greifen, binden und ins
gefängnis werfen lassen. Johannes hatte zu im gefagt: Es 4
ist niht reht, fi zu haben. Er wolte in töten lassen, fürh- 5
tete fih aber for dem haufen, denn fi hilten in für einen
profeten. Als aber Herodes feinen geburts-tag feierte, 6
tanzte di tohter der Herodias for inen und gefil Herodes.
Er ferhis ir mit einem eide, ir zu geben, was fi ferlangen 7
würde. Gi, forher fon irer mutter zugerihtet, fagte: Gib 8
mir Johannes, des täufers haupt, auf einer shüssel. Der 9
könig wurde traurig, doh, um des eides willen und derer,
di mit im am tishe waren, befal er, es ir zu geben. Er 10
shikte hin und lis Johannes im gefängnis enthaupten. Gein 11
haupt wurde auf einer shüssel gebraht, dem mädhen ge-
geben, und fi brahte es der mutter. Geine lerlinge kamen, 12
hoben feine leihe auf, begruben in und gingen, es Jš zu
ferkündigen. Als Jš es hörte, wih er zu bot fon dannen an 13
einen wüsten ort für fih. Di haufen, di es hörten, folgten
im aus den stäten zu fus. Jš trat herfor und fa den grosen 14
haufen; fein herz wurde durh fi aufgezert; er stelte ire
kranken her. — Am abend traten feine lerlinge zu im und 15
sprahen: Der ort ist eine wüste und di zeit shon forüber;
las di haufen fon dir, damit fi in di flekken gingen und
fih etwas zu essen einkauften. Jš sprah zu inen: Es ist 16
niht nötig, das fi gingen; gebt ir inen zu essen. Gi sprahen 17
zu im: Wir haben hir nihts als blos fünf brode und zwei
fishe. Er sprah: Bringt fi mir her. Er lis di haufen fih 18
auf den rafen lagern, nam di fünf brode und di beiden 19
fishe, fa auf zum himmel, fegnete fi, brah fi, gab di brode
den lerlingen und di lerlinge gaben dem haufen. Gi asen 20
alle, wurden fat und hoben den überflus der stükke [des
gebrohnen brodes] auf, zwölf körbe fol. Essende waren 21
bei fünf taufend, ungerehnet weiber und kinder. Jš trib 22
feine lerlinge [darauf] an, ins bot zu steigen und for im
hinüber zu faren, bis er di haufen fon fih lise. Als er di 23
haufen fon fih gelassen hatte, stig er auf einen berg für

ſih, um zu beten. Am abend war er dort alein. Das bot 24
war ſhon mitten auf dem ſe und lit not ſon den wellen,
da der wind inen entgegen war. In der firten naht-waⁿe 25
kam Jŝ zu inen und wandelte auf dem ſe. Als di lerlinge 26
ⁿn auf dem ſe wandeln ſan, erſhraken ſi und ſagten: Es ist
ein gespenst und ſhrin for angst. Jŝ sprah aber ſogleih 27
zu inen: Ꙅeit getrost, ih bin es, fürhtet euh niht. Petrus 28
sprah: Her, bist du es, ſo las mih auf dem wasser zu dir
kommen. Er sprah: Kom. Petrus stig aus dem bot und 29
ging aufs wasser, um zu Jŝ zu kommen. Er ſa den (hef- 30
tigen) wind, er fürhtete ſih, fing zu ſinken an und ſhri:
Her, ret mih. Jŝ strekte gleih di hand aus, ergrif in und 31
spriht zu ⁿm: Du kleingläubiger, warum zweifeltest du?
Als ſi ins bot stigen, legte ſih der wind. Di im bote filen 32
for im nider und spraⁿen: Du bist warhaftig gottes ſon. 33
Ꙅi furen hinüber und kamen ans land bei Genezaret. Als 34
di männer des ortes in gewar wurden, ſhikten ſi in das 35
ganze land umher und brahten ⁿm alle kranken; ſi baten 36
ⁿn, ſi nur ſeines kleides ſaum anrüren zu lassen. Alle, di
ⁿn anrürten, wurden geſund. [Alle kranken, di Jŝ klei-
dung anrürten, wurden geſund, alſo one das ſi in wirklih
anrürten, denn di kleidung des menſhen ist niht das
wirkliⁿe am menſhen oder niht der mensh wirklih. Da
ſih der äusre mensh [der leib des menſhen] zum ferborg-
nen, innern menſhen wi eine kleidung [ferkleidung, maske]
des innern menſhen zu diſem ferhält, ſo ist denn am ende
auh di kleidung [in gewönliⁿem ſin] ein bild [eine maske,
eine ferkleidung] des wirkliⁿen. Hirdurh kommen wir zu
einer zwiſaⁿen oder ferſhidnen berürung an Xŝ, der zu
ſehenden [di in der berürung ſeiner kleidung begriffen
wirt] und einer niht zu ſehenden, oder einer berürung im
äusern und im ferborgnen. Alle herstellungen der kranken
durh Jŝ, di geſen wurden, ferhalten ſih wi herstellungen
der kranken durh bloſe berürung ſeiner kleidung, und
ſind dan herstellungen im bilde, aber niht wirkliⁿe her-
stellungen, weil diſe nur durh di berürung des wirkliⁿen an
Xŝ [ſeines leibes] zu begreifen ſind. Aus dem ferhältnis,
in dem Jŝ kleidung zu im ſelbst [ſeinem leibe] stet, findet
man, das di herstellung der kranken, durh bloſe berürung
ſeiner kleidung, am ende eine notwendige folge dafon war,
das alle, di ſih im ferborgnen mit Xŝ berüren [ⁿm na
kommen im leben, ⁿn anzin], das leben im ferborgnen
erhalten. Ꙅo auffallend es ſheint, das di kranken durh
di bloſe berürung der kleidung ſon Jŝ geſund wurden,

oder das leben erhilten, denn gefund werden, heist am
ende, das leben ˏerhalten, ſo ergibt es ſih am ende, wenn
das eine mit dem ꞓndern in ferhältnis gebraht wirt, als
etwas notwendiges, das geshen muste. Durh Jŝ herstel-
lungen der kranken, di blos ſeine kleider berürten, wirt
angedeutet, das alle, di ſih mit Xŝ nah dem geiste be-
rüren, oder mit im in einer berürung ſind, das heist, in
einer geistigen zeugung, durh in im ferborgnen das leben
erhalten, wi das tote im weibe durh di berürung des man-
nes das leben im ferborgnen erhält.]

15. Da kommen zu Jŝ shrift-gelerte und fariſäer fon 1
Jeruſalem und sprehen: Warum übertreten deine lerlinge 2
das gebot [das herkommen] der älsten? Gi washen, wenn
ſi brod äsen, ire hände niht. Er antwortete inen: Warum 3
übertretet ir das gebot gottes wegen eures gebotes? Got ge- 4
bot: Ere fater und mutter; wer dem fater oder der mutter
fluht, ſol mit dem tode ein ende nemen. Ir spreht: Wer 5
zum fater oder zur mutter ſagte: Ein opfer fon mir [im
tempel] würde dir fon nuzen ſein, [der tut reht], und ſo
erte er ſeinen fater (oder ſeine mutter) niht. Ir hobt um 6
eures gebotes willen gottes gebot auf. Ir heuhler, es 7
weisſagte shön Jeſaias fon euh: Dis folk (nat ſih zu mir 8
mit ſeinem munde und) ert mih mit ſeinen lippen, aber
ir herz ist ferne fon mir. Gi dinen mir fergeblih, weil 9
ſi gebote, di menshen-gebote ſind, leren. [Hirmit wirt ein
gegenſaz der gebote des menshen und gottes angedeutet.
Darnah ſind di leren der menshen niht gottes leren. Di
leren der menshen ſind ein bild der leren gottes, aber das
wirklihe niht. Wer wirklih das rehte wil, komt fon Moſes
gebot: Ere deinen fater und deine mutter, am ende darauf,
einzuſen, das got durh opfer im tempel niht geert werden
kan, ſondern dis nur ein bild des wirklihen ist. Wer
aber wi di fariſäer und alle das rehte wirklih niht wil,
komt darauf, das opfer im tempel für di haupt-ſahe oder
für mer und heiliger zu halten als fater und mutter zu
eren und zu liben, was in der rehnung heist, Moſes gebot
aufheben, und dan niht mer an gottes gebote, ſondern
an gebote halten, di fon menshen ſind.] Er rif den haufen 10
zu ſih und sprah: Hört und fernemt. Was in den mund 11
komt, das ferunreinigt den menshen niht; aber, was aus
dem munde komt, das ferunreinigt den menshen. Da traten 12
ſeine lerlinge zu im und sprahen: Weist du, di fariſäer
ärgerten ſih, als ſi das hörten. [Denn es hise, in irem ſin,
ir könt alles essen, auh shweine-fleish und alles unreine.]

Er antwortete: Alle gewäxe, di mein himlisher fater niht 13
fezte, werden ausgereutet werden. Last fi; fi find blinde 14
fürer fon blinden. Wenn ein blinder einen blinden fürte,
fo werden fi beide in eine grube fallen. [Haben di fari-
fäer niht augen? Ja und nein. Gi haben augen und fen
niht wi tote, di augen haben und niht fen, oder wi blinde
mit masken, di augen haben. Wenn dife fehenden [im
grunde blinden] andre, wi fi fehende [im grunde blinde]
füren, wi dis überal zu bemerken ist, fo werden fi am
ende alle zufammen in eine grube, in ein grab, fallen und
darin ligen bleiben, da am ende nimand weiter da fein
wirt, um inen daraus zu helfen und fi am leben zu er-
halten.] Petrus antwortete îm: Deute uns das gleihnis. 15
Jš sprah zu inen: Geit ir auh noh unferständig? Get ir 16
niht ein, das alles, was in den mund komt, in den magen 17
get und [das dan das unreine] in den stul ausgeworfen
wirt? [Damit wirt angedeutet, das der mensh fom un-
reinen, das in feinem leben in der welt auf in komt
[im bilde, in feinen mund komt], wenn er fih nur in
der welt reinigt [im bilde, ausget], am ende rein er-
sheint, wobei das unreine in der welt [im bilde, an
einem geheimen orte] zurük gelassen wirt.] — Was aus dem 18
munde komt, das komt aus dem herzen, und dis fer-
unreinigt den menshen. Aus dem herzen [des menshen] 19
kommen arge gedanken, mord, ehe-bruh, hurerei, dibstal,
unware zeugnisse und lästrung. Dis ist es, was den men- 20
shen ferunreinigt, aber mit ungewashnen händen essen,
das ferunreinigt den menshen niht. [Wenn aus dem her-
zen des menshen arge gedanken kommen, fo ist im men-
shen [im grunde, im herzen desfelben] nihts gutes [nihts
geratnes, fondern nur unrat]. Dan find aber am ende
alle, di bei den menshen reinen wi unreinen im grunde
unrein, und haben fih alle zu reinigen, um am ende niht
unrein gefunden zu werden. Das alle, gros und klein,
reine und unreine, fih zu reinigen haben, um ir leben
zu erhalten, das wissen ja alle, wi auh, das der mensh,
wenn er zur welt komt, fih reinigt und jeder shmetterling,
wenn er auskomt, fih for dem auffligen reinigt. Wer
niht zur reinigung käme oder niht ausgen könte, niht di
kraft dazu hätte, müste am ende shreklih umkommen, wi
ein weib, das niht kraft hat, um zu gebären. Go fen wir
in einem bilde, was wir alle zu tun haben. Wir müssen
uns im ferborgnen [nah dem geiste] reinigen, um niht am
ende shreklih dadurh umzukommen, das der geistige unrat

[das geistig ungeratne] in uns bleibt, indem wir niht di
kraft haben, es auszuwerfen, oder abzumaĥen. Der unrat
oder kot, der fom menshen bei der reinigung auf dem
stule ausgeworfen wirt, ist etwas erstorbnes, totes, das
durh das leben im leben herforgebraht wirt. Wenn fih
daher unfer leib wi das erstorbne oder tote ferhält, das
durh das leben im ferborgnen an uns herforgebraht wirt,
fo ferhält er fih wi der unrat oder kot, den alle aus fih
werfen [beim ausgen], di fih im leben erhalten. Go mus
denn am ende am menshen, in dem im ferborgnen leben
ist, am zu fehenden leibe das unreine [im bilde, der unrat,
di after-geburt] gefunden werden, und ist es ein zeiĥen
des lebens im ferborgnen. Da das am gefunden menshen
zu fehende ein bild des nah dem geiste gefunden ist, fo
wirt denn auh an Xš der unrat bei feiner reinigung in
der welt [im bilde, an einem geheimen orte] durh den
unrein gewordnen leib am kreuz [im bilde, am stule] an-
gedeutet, und muste Xš dan am ende auh in der naht am
kreuze [auf dem stule] gefen werden [wi es auh fon der
fexten bis zur neunten stunde naht und dunkel war], weil
di reinigung auf dem stule in der naht [der welt] geshit
[im bilde, auf dem naht-stule]. Alle, di fih täglih reinigen,
[an einem geheimen orte], dinen dem bilde, aber dem wirk-
liĥen niht, denn dis wirt im ferborgen gefen und mus fih
dan der zu fehende leib wi der abfal auf dem stule fer-
halten und in der rehnung eine after-geburt fein]. — Jš 21
ging fon dannen und entwih in di gegend fon Tyrus und
Gidon. Get, ein Kanaanshes weib kam aus jenen marken 22
und shri hinter im: Ah her, du fon Dawids, erbarme dih
meiner; meine tohter wirt fon einem geiste arg zugerihtet.
Er antwortete ir kein wort. Geine lerlinge traten zu im 23
und baten in: Las fi fon dir, da fi hinter uns shreit. Er 24
fagte: Ih wurde nur zu den ferlornen shafen aus Ifraels
haus gefant. [Röm. 2, 28.] Gi kam, fil for im hin und 25
sprah: Her, hilf mir. Er antwortete: Es ist niht shön, das 26
brod der kinder zu nemen und es den hündĥen forzu-
werfen. Gi sprah: Ja, her, aber di hündĥen fressen doh 27
di krumen, di fon irer hern tishe fallen. Da sprah Jš zu 23
ir: O weib, dein glaube ist gros; dir geshehe, wi du wilst.
Zu derfelben stunde wurde ire tohter gefund. [Di hunde
bekommen auh etwas. Ein bild, mit dem bedeutet wirt,
das di welt auh etwas erhält, oder alle [heiden] das fer-
gängliĥe leben, das aber am ende nihts ist. Go erhalten
alle etwas und doh nihts, wenn fi niht weiter durh Xš

im ferborgnen etwas erhalten, das ewige leben und das
brod des ewigen lebens.] Jŝ ging fon dannen weiter und 29
kam an den Galiläishen ſe. Er stig auf einen berg und
ſezte ſih dort. File haufen kamen zu im; ſi hatten mit 30
ſih lame, blinde, stumme, krüppel, und file andre [ſiħe],
und warfen ſi Jŝ for di füse; er heilte ſi. Der haufe 31
ferwunderte ſih; ſi ſan di stummen reden, di krüppel ge-
ſund werden, di lamen umhergen, di blinden ſen und rümten
den got Iſraels. — Jŝ rif ſeine lerlinge zu ſih und sprah: 32
Mein herz wirt durh den haufen aufgezert; ſi halten shon
drei tage bei mir aus und haben nihts zu essen. Ih wil
ſi niht ungegessen fon mir lassen, damit ſi niht auf dem
wege umkämen. [Womit angedeutet wirt, das di um Xŝ
willen hungrigen, di bei im aushalten, niht fon im fer-
gessen werden, ſondern fon im brod [im ferborgnen] er-
halten werden, damit ſi niht auf dem wege aus der wüste
der welt umkämen.] Ɵeine lerlinge spraħen zu im: Wo 33
nemen wir in der wüste ſo fil brod her, um einen ſolħen
haufen ſat zu maħen? Jŝ spriht zu inen: Wi fil brode 34
habt ir? Ɵi ſagten: Ɵiben und einige kleine fishe. Er 35
kündigte dem haufen an, ſih auf di erde zu legen; nam 36
di ſiben brode und di fishe, dankte [dafür], brah ſi und
gab den lerlingen; di lerlinge gaben dem haufen. Alle 37
asen und wurden ſat. Den überflus des gebrohnen hoben
ſi auf, ſiben körbe fol. Essende waren wol fir tauſend, 38
ungerehnet weiber und kinder. Als er di haufen fon
ſih gelassen hatte, stig er ins bot und kam in di marken
fon Magdala. [Beim essen wurden nur männer, aber niht
weiber und kinder gerehnet, womit angedeutet werden ſolte,
das es aufs ſat maħen des höhern und niht nidern ankomt,
indem ſih der man zum weibe und kinde wi das höhere
zum nidern ferhält, alſo wi der geist zum leibe, und es
dan niht auf di ſättigung des leibes, ſondern am ende nur
auf di des geistes ankomt. — Jŝ nam das wenige brod,
dankte, brah es und hatte eine menge brod, fon dem alle
ſat wurden, di es erhilten. Hirdurh ſolte offenbar werden,
das durh das breħen fon Xŝ leib am kreuze eine menge
brod [im ferborgnen durh den geist] erhalten wirt, und
wir alſo nur den leib wi Xŝ [im bilde das laib] zu breħen
haben, um eine menge brod zu haben. Wi Jŝ etwas brod
erhilt und nötig hatte, denn ſonst hätte er ja niht darnah
gefragt und es niht genommen, ſo erhilten wir im leibe
unſres lebens auh etwas brod und haben es nötig, weil
wir dis brod breħen müssen, um brod fürs ewige leben,

eine menge brod, zu haben. Wenn wir wirklih dadurh,
das wir unfern leib [im bilde das laib brod] brefien, um
das leben [im ferborgnen] zu erhalten, brod für fil leben
[für file] erhalten, und dis im bilde offenbart werden folte,
fo muste es am ende geshen, das Jŝ, als er ein laib brod
brah, eine menge brod, oder fil brod, für file [für fil leben]
hatte. Go fen wir am ende alle wunder fon Jŝ im zu-
fammenhang mit etwas im ferborgnen sten und als di
notwendige folge dafon, was im ferborgnen geshit. Difer
zufammenhang oder di notwendige folge des einen aus dem
andern ist es, woher Jŝ wunder wirklih statgefunden haben
müssen und niht blose erfindungen find, was mit filen
andern wundern der fal ist, di fon der leihtgläubigen
menge erzält und fon inen ebenfo geglaubt werden wi Jŝ
wunder, da fi niht im stande find, di einen fon den andern
zu untersheiden, und dan am ende mit al irem wunder-
glauben Jŝ wunder gar niht begreifen. Es ist beim glauben
zu untersheiden, der glaube im bilde und der wirklifie
glaube. Der glaube im bilde ist niht der wirklifie glaube,
und wo der wirklifie glaube niht gefunden wirt, da wirt
geglaubt; ja, doh am ende nihts erhalten.]

16. Di farifäer und fadduzäer traten zu im, ferfuhten 1
in und forderten, das er fi ein zeifien fom himmel fen lise.
Er sprah zu inen: (Am abend spreht ir: Es wirt ein shö- 2
ner tag werden, denn der himmel ist rot; und am morgen
spreht ir: Es wirt heute unwetter fein, denn der himmel
ist rot und trübe. Ir heuhler, des himmels ausfen wist ir 3
zu beurteilen, warum könt ir denn niht auh di zeifien difer
zeit beurteilen?) Das arge und ehebrefierishe geshleht [der 4
menshen] fuht ein zeifien, und wirt demfelben kein zeifien
als nur des profeten Jonas zeifien gegeben werden. Er lis
fi und ging weg. — Als di lerlinge hinüberfuren, fergasen 5
fi brod mitzunemen. Jŝ sprah zu inen: Get zu, hütet euh 6
for dem fauerteig der farifäer und fadduzäer. Da dahten 7
fi bei fih: [Das fagt er], weil wir niht brod mitnamen.
Jŝ merkte es und sprah zu inen: Ir kleingläubigen, was 8
denkt ir daran, das ir niht brod habt? — Fernemt ir 9
noh nihts? Denkt ir niht an di fünf brode, unter di fünf
taufend und wi fil körbe ir da aufhobt? Auh niht an di 10
fiben brode, unter di fir taufend, und wi fil körbe ir da
aufhobt? Wi ferstet ir denn niht, das ih niht fom brode 11
zu euh sprah [als ih fagte]: Hütet euh for dem fauerteig
der farifäer und fadduzäer? Da ferstanden fi, das er niht 12
fagte, fih for dem fauerteig des brodes zu hüten, fondern

for der lere der farifäer und fadduzäer. — Jš kam in di 13
gegend der stat Zäfarea Filippi und fragte feine lerlinge:
Wer fagen di menshen, das des menshen fon ist? Ɇi 14
spraĥen: Einige [fagen]: Der täufer Johannes; andere:
Elias; andere: Jeremias oder einer der profeten. Er spriht 15
zu inen: Wer fagt denn ir, das ih bin? Ɇimon Petrus 16
antwortete: Du bist Xš [der Messias], des lebendigen gottes
fon. Jš sprah zu im: Ɇelig bist du, Ɇimon, Jonas fon; 17
fleish und blut offenbarten dir das niht, fondern mein fater
im himmel. Ih fage dir: Du bist Petrus [Fels]; auf difen 18
felfen werde ih meine ferfamlung baun und der hölle
shlünde werden fi niht überwältigen. Ih werde dir des 19
himmel-reiĥes shlüssel geben. Alles, was du auf erden
bändest, das wirt auh im himmel gebunden fein, und alles,
was du auf erden lôfetest, das wirt auh im himmel gelöst
fein. [Wenn wir gottes willen tun, fo tun wir nihʋ, was
wir wollen, fondern was ein andrer, was got, wil, und
ferhalten uns dan wi fon einem andern gebundne, weil
wir niht tun, was wir wollen und dis fih fo ferhält wi
wenn wir niht tun können, was wir wollen, denn wenn
wir niht tun können, was wir wollen, fo tun wir auh niht,
was wir wollen. Wir ferhalten uns alfo, wenn wir gottes
willen tun, und dan alfo niht tun, was wir wollen, oder
dadurh niht tun können, was wir wollen, wi gebundne
oder gefesselte, one dis in gewönliĥem fin zu fein, obshon
es auh hinzukommen kan, wir wären dan aber mit unfrem
eignen willen [mit gottes willen] gebunden, wi auh Xš
niht tat, was er wolte, fondern was got wolte und mit
feinem willen [gottes willen] am kreuze mit eifernen fes-
seln [durh di nägel] an händen und füsen gebunden war.
Di fo auf erden gebundnen find di im himmel gebundnen,
aber auh di auf erden und im himmel erlösten, fon iren
fesseln [im ferborgnen] losgewordnen, denn durh Xš bin-
den oder dadurh, das wir niht tun, was wir wollen, fon-
dern was got wil, werden uns di fesseln im ferborgnen
genommen, in denen wir im ferborgnen ligen. Wenn wir
tun, was wir wollen, fo find wir mörder [im ferborgnen],
wenn wir aber niht tun, was wir wollen, fondern was got
wil, fo find wir niht mörder, und werden zwar wi Xš am
kreuz gebunden und wi Xš mit eifernen ruten bestraft,
doh barmherzig am ende und niht mit dem tode [oder nur
im zu fehenden mit dem tode], da uns di fünde am ende
fergeben wirt wi Xš, der nah der strafe am kreuze auf-
stand und in den himmel aufgenommen wurde, und niht

in der erde tot ligen blib. — Get, wi ſi in iren ferſam-
lungen di hände falten. Was ſol es bedeuten? Niht, das
ſi niht tun, was ſi wollen, ſondern, was ein andrer, was
X̄ſ wil, das ſi X̄ſ und gottes gebundne ſind? Es ist das
falteh der hände ein bild wi eben auh das binden und
löſen im zu ſehenden; das wirkliĥe dafon ist am ende an
X̄ſ am kreuze zu ſen. Was menshen binden und löſen,
heist bei got niht gebunden und gelöst, weil es nur ein
bild des wirkliĥen ist. X̄ſ war fon den menshen mit
eiſernen fesseln [durh di nägel] in den stok gelegt [ans
kreuz] und war doh am ende bei got niht gebunden, da
X̄ſ am ende di fesseln abwarf, fon der erde aufstand und
frei war, was durh ſeine auferstehung offenbar wurde.
Ein wunderbares bild dafon war, als Petrus, Gesh. 12, 3
—19, im gefängnis an händen und füsen in eiſen gefes-
selt lag, im aber darauf das eiſen abfil, er dan aufstand
und frei war. Barabbas waren fon den menshen di im an-
gelegten fesseln abgenommen und blib er am ende doh in
ſeinen fesseln [im ferborgnen], da er am ende auf der erde
tot geſen wurde und niht mer fon der erde aufstand.
Wir müssen, wi Xs durh got gebunden war, durh Xs
gebunden ſein, um am ende wirklih erlöst zu ſein und
niht blos im bilde, wi alle, di fon menshen gebunden und
erlöst werden, di dem bilde des wirkliĥen, aber niht dem
wirkliĥen dinen. Als Jſ zu Petrus ſagte: Ih werde dir
des himmel-reiĥes shlüssel geben, wurde das löſen durh
eiſen, durh X̄ſ eiſen in den händen, angedeutet, da bei
den shlüsseln an shlüssel in den händen zu denken ist,
durh di wir eine tür öfnen, dan aber auh das binden
durh eiſen [di nägel in X̄ſ händen], und ist dan das eiſen
in X̄ſ händen der shlüssel zum himmel-reih. Das ferwante
im griĥishen fon ϰλεις, lat. clavis, shlüssel mit dem gr.
ἥλος, lat. clavus, nagel, erinnert daran, das bei den shlüs-
seln, fon denen Jſ sprah, am ende an di nägel in ſeinen
händen zu denken ist. Jſ deutete mit dem, was er zu
Petrus ſagte, an, das Petrus wi X̄ſ, eiſen in den hän-
den haben, oder mit eiſernen fesseln am kreuze gebunden
ſein würde, dan aber auh Petrus wi X̄ſ das eiſen in der hand
haben würde, mit dem er ſih den himmel aufshlisen würde.
Wer ſih dan wi X̄ſ ferhält, das heist in der rehnung, in
X̄ſ geſen wirt, der hat di shlüssel zum himmel-reih in der
hand, und niht Petrus alein. Zu glauben, das Petrus alein
di shlüssel zum himmel-reih erhalten hätte, hise am ende
Jſ gleihnisse niht etwas fersten, wi das fon allen zu er-

warten ist, di alles nur unrihtig begreifen und dan zu
allen möglihen, kindishen misferständnissen kommen. —
Get, was fi in iren ferfamlungen tun. Mahen fi niht ein
zeihen des kreuzes oder ein kreuz an fih? Shlagen fi
niht ein kreuz an fih? Maht niht der geistlihe das
zeihen des kreuzes an allen? Werden fi niht fom geist-
lihen gekreuzigt und kreuzigen fi fih niht auh felbst?
Sprehen fi niht dafon, das es niht einerlei ist, wi der
mensh fih kreuzigt, das fi das rehte kreuz des heiles
an fih mahen, andre aber ein kreuz, das nihts hilft?
Wirt damit niht angedeutet, das fi gekreuzigt werden und
fih auh felbst kreuzigen, alfo zum kreuze durh den willen
eines andern und den eignen willen kommen? Wollen
dan niht zwei dasfelbe und werden fi dan niht am ende
auh erhalten, was fi wollen? Deuten fi niht an, das Xs
auh mit feinem und niht one feinen willen gekreuzigt
wurde? Das es niht einerlei ist, wi der mensh fih kreu-
zigt oder gekreuzigt wirt, ob er wi ein mörder oder wi
Xs gekreuzigt wirt? Das, wenn zwei dasfelbe zu tun oder
zu erleiden sheinen, doh etwas ganz fershidnes in inen zu
begreifen fein kan? Wer wil fih aber kreuzigen lassen?
Wir wollen es niht, wir werden durh gottes geist dazu
gebraht, um nah dem innern menshen oder im ferborgnen
fom kreuze [fom ewigen fluh] errettet zu werden. In iren
ferfamlungen dinen fi dem bilde, mit dem fi zeigen, was
wir zu tun haben, aber dem wirklihen dinen fi niht, weil
fi wirklih Xs niht erkennen und begreifen.] — Da gebot er 20
feinen lerlingen, nimand zu fagen, das er, Js, der Xrist
[der Messias] ist. [Nimand erkante, das Js der Messias
war. Es konte dan aber zu nihts helfen, es denen zu
fagen, di es niht aus Js werken oder zeihen erkanten, di
ein zeihen feiner herkumft fon got waren. Wenn fi es
hiraus niht erkanten und glaubten, fo hätten fi es auh
niht geglaubt, wenn Js es inen gefagt hätte. Da es zu
fagen zu nihts geholfen hätte, fo war es auh niht nötig,
zu fagen; was aber niht zu fagen nötig ist, mus am ende
auh niht gefagt werden. Bis ans ende der welt werden
alle fom heiland sprehen, aber nimand wirt in erkennen.
Warum niht? Weil alle nur immer tun wollen, was fi
wollen, aber niht, was got wil, und one fon got gebunden
zu fein, es am ende ganz unmöglih ist, Xs zu erkennen.
Go werden alle, wenn fi fom heilande sprehen und im zu
dinen glauben, alles unrihtig begreifen und im nur im
bilde, aber niht wirklih dinen können.] — Fon der zeit 21

fing Jŝ an, feinen lerlingen zu zeigen, das er nah Jeru-
falem gen, fon den älsten, den hoh-geistlihen und shrift-
gelerten fil leiden, getötet und am dritten tage erwekt
werden mus. Petrus nam in zu fih, fur in an und fagte: 22
Her, shone dih, das wirt niht mit dir geshen. Er wante 23
fih und sprah zu Petrus: Hebe dih, fatan, fon mir, du bist
mir ärgerlih, denn du hast niht das götlihe, fondern das
menshlihe im fin. [Luk. 4, 13. Wenn wir das menshlihe
im fin haben, fo erhalten wir das leben im ferborgnen,
oder wirklih niht, und ferhalten uns wi mörder, weil
dife eben auh niht das leben erhalten, wi der fatan, der
ein mörder ist. Zu bemerken ist, was Jŝ forher zu Petrus
gefagt hatte: Fleish und blut offenbarten dir das niht, fon-
dern mein fater im himmel, mithin forher aus Petrus der
geist gottes redete, nahher aber niht, das heist dan, der
fatan. Go shwankt am ende der mensh beständig zwishen
dem guten und niht guten, wenn er shwankend im guten
und niht guten im ferborgnen ist, und wirt er am ende
im niht guten begriffen, fo ist es mit im forbei, denn es
komt niht auf den anfang, fondern aufs ende an, wi es
auh im sprih-wort heist: Ende gut, alles gut, — und ent-
sheidet alfo niht der anfang, fondern das ende.] — Da sprah 24
Jŝ zu feinen lerlingen: Wil jemand mir nahfolgen, der
ferleugne fih felbst, neme fein kreuz auf fih und folge mir.
Wer fein leben erhalten wolte, der wirt es ferliren; wer 25
aber fein leben um meinetwillen ferlöre, der wirt es finden.
Was hülfe es dem menshen, wenn er di ganze welt ge- 26
wönne, doh an feiner fele shaden näme? Oder, was wirt
der mensh geben, damit er feine fele wider löfete? [Dife
worte fon Jŝ bezin fih am ende zunähst auf das, was Pe-
trus haben wolte, nämlih, das Jŝ fein leben shonen, oder
zu erhalten fuhen folte, da er niht begrif, das wir, um
das leben wirklih zu erhalten, das leben niht shonen dür-
fen, fondern aufgeben müssen. Wir erhilten unfer leben,
um damit das ferlorne leben des geistes einzulöfen, denn
wir haben, in der rehnung, durh unfer leben das leben
des geistes ferloren; wir erhilten unfer leben niht, um es
zu behalten und zu shonen, fondern für das leben [im fer-
borgnen] hinzugeben. Tun wir das niht, folange wir unfer
leben haben, fo haben wir nah dem tode am ende nihts
mer, um das leben des geistes zu erhalten, oder fom tode
zum leben kommen zu können. Wir würden dan wirk-
lih fein, was im bilde di in den gräbern begrabnen toten
find. Alle haben in difem leben mit irem leben ein filber-

stük erhalten, mit dem alle das [ewige] leben einkaufen
können, indem fi es nur dafür hinzugeben brauften, aber
das begreifen niht alle, weil alle am ende nur alles un-
rihtig begreifen, und dan das filber-stük für das leben für
das leben halten und es wi di geizigen maften, di ire
filber-stükke ferwaren und puzen, niht weggeben, fondern
shonen wollen und darüber am ende umkommen. Es
wissen niht alle, was und wohin alle treiben, und wi und
wo alle am ende ferloren gen. Di wanfinnigen wissen niht,
was fi tun und bringen andre und fih shreklih um.] — Es 27
fol des menshen fon in feines faters ere mit feinen boten
kommen; dan wirt er jedem nah feinen werken fergelten.
[Zu untersheiden find menshlifte und götlifte werke.
Menshlifte werke haben auf das fergänglifte leben bezug
und dinen als gute werke zur erhaltung des fergänglifen
lebens, aber niht zur erhaltung des lebens im ferborgnen
und helfen daher am ende dem menshen zu nihts bei got.
Das götlifte werk bestet in der hingabe des lebens für das
leben im ferborgnen wi es an Jŝ Xŝ gefen wurde, oder in
der aufopfrung des lebens für das leben des geistes. Di
guten werke der menshen find ein bild der götlifen werke,
aber dife find fi niht. Es täushen fih alle, di das leben
zu erhalten glauben, wenn fi nur in iren ferfamlungen
fingen, spilen und beten, womit fi got zwar dinen, doh
nur im bilde, aber am ende niht wirklih. Xŝ am kreuze
ist des gefezes erfüllung, aber niht das laufen und rennen
in di ferfamlungen, niht das fingen, spilen, beten, brod-
breften, weinen, taufen, begraben in den ferfamlungen.
Wir dinen entweder dem bilde, oder dem wirklifen. Dinen
wir dem bilde, fo dinen wir niht dem wirklifen; dinen
wir dem wirklifen, fo dinen wir niht dem bilde. Es ist
der zu fehende tempel oder das ferfamlungs-haus niht das
wirklifte, fondern das bild des wirklifen, und alle, di
darin dinen, dinen dem bilde und den bildern, aber niht
got.] — Warlih, ih fage euh: Es sten hir einige, di den tod 23
niht shmekten, bis fi des menshen fon in feinem reih
kommen fähen. [Alle, di Xŝ tod niht wollen [niht shmek-
ken], werden am ende den ewigen tod shmekken müssen,
oder den tod, den di welt, nah dem fon ir forher ge-
gebnen leben, gibt. Xŝ, der ins ferborgne fa, wuste wol,
wer und was im ferborgnen di waren, di um in stan-
den, und find am ende auh alle shon zu erkennen, di
nah irem tode niht zum leben, fondern zum tode, auf-
ersten und den [ewigen] tod shmekken werden. Wer

keinen durh Xš erstorbnen leib an ſih trägt, der trägt im
ferborgnen einen toten geist, und mus dan am ende be-
graben werden wi di toten, denn das begraben ist ein bild
und wirt das wirkliňe am ende geſen werden.]
17. Nah ſex tagen nimt Jš Petrus, Jakobus und des 1
bruder, Johannes, zu ſih, und fürt ſi auf einen hohen berg
für ſih. Er wurde for inen ferwandelt; ſein angeſiht 2
leuhtete wi di ſonne, ſeine kleider wurden hel wi liht.
Get, da ershinen inen Moſes und Elias, di spraňen mit 3
im. Petrus ſagte zu Jš: Her, es ist shön, das wir hir ſind. 4
Wilst du, wir werden hir drei hütten maňen, dir eine,
Moſes eine und Elias eine. Er redete noh, ſet, da über- 5
shattete ſi eine lihte wolke; ſet, eine stimme sprah aus
der wolke: Dis ist mein liber ſon, an dem ih wolgefallen
hatte; hört auf in. Als di lerlinge es hörten, filen ſi auf 6
ir angeſiht und ershraken ſer. Jš trat zu inen, rürte ſi 7
an und sprah: Stet auf, fürhtet euh niht. Wi ſi ire augen 8
aufshlugen, ſan ſi nimand als nur Jš alein. Beim hinab- 9
gen fom berge sprah Jš zu inen: Gagt nimand etwas fon
difer ersheinung bis des menshen ſon fon den toten auf-
erstände. [Hirmit wurde am ende fon Jš angedeutet, das
ſi in dem, was ſi zu ſen bekamen, ein forspil der auf-
erstehung fon Xš zu ſen bekamen. Es war eine ferwand-
lung, di ſi zu ſen bekamen, es war aber auh Xš auf-
erstehung eine ferwandlung. Das dunkle wurde liht. Go
ferhält ſih aber auh Xš auferstehung, indem dabei der
dunkle leib in liht aufging. Es ist aber am ende auh Xš
auferstehung nur ein forspil der wirkliňen oder erst ein
bild der wirkliňen, und wird diſe am ende der welt geſen
werden.] Di lerlinge fragten in: Was ſagen di shrift- 10
gelerten, Elias mus zuerst kommen? Jš antwortete inen: 11
Elias komt ja zuerst und wirt alles herstellen. Doh ih 12
ſage euh: Elias kam shon und ſi erkanten in niht, ſondern
taten mit im, was ſi wolten. Go ſol auh des menshen ſon fon
inen leiden. Da ferstanden di lerlinge, das er fon Johan- 13
nes, dem täufer, zu inen geredet hatte. Als ſi zum haufen 14
kamen, trat ein mensh zu im, der im zu den füsen fil und
sprah: Her, erbarme dih über meinen ſon, er ist mond- 15
fühtig und hat ein shweres leiden; er fält oft ins feuer
und oft ins wasser. Ih brahte in zu deinen lerlingen; ſi 16
konten im niht helfen. Jš sprah: O du ungläubiges und 17
ferkertes geshleht, wi lange werde ih bei euh ſein? Wi
lange euh ertragen? Bringt in mir her. Jš bedrote in; 18
der geist ging aus im aus und der knabe wurde zur ſelben

stunde gefund. Da traten di lerlinge für fih zu im und 19
sprañen: Warum konten wir in niht austreiben? Jš ant- 20
wortete inen: Um eures unglaubens willen. Warlih, ih
fage euh: Wenn ir glauben hättet wi ein fenf-korn [nur
etwas glauben hättet] und zu difem berge sprähet: Hebe
dih fon hinnen dorthin, fo wirt er fih heben; euh wirt
nihts unmöglih fein. (Dife art wirt aber nur durh beten 21
und fasten ausgetriben.) Als fi iren umgang in Galiläa 22
hatten, sprah Jš zu inen: Des menshen fon fol in der men-
shen hände übergeben werden; fi werden in töten, und 23
am dritten tage wirt er erwekt werden. Ɵi wurden fer
traurig. — Ɵi kamen nah Kapernaum. Di zins-groshen-ein- 24
nemer kamen zu Petrus und sprañen: Gibt euer lerer niht
den zins-groshen? Er fagt: Ja. Als er in di wonung ging, 25
kam im Jš zufor und sprah: Was dünkt dih, Ɵimon, fon
wem nemen di könige auf erden zol oder zinfe, fon iren
kindern oder fon fremden? Petrus spriht zu im: Fon den 26
fremden. Jš sprah zu im: Ɵo find di kinder frei. Damit 27
wir fi aber niht ärgerten, fo ge zum fe hin, wirf di angel
aus und den ersten fish, der anget, den nim; mah feinen
mund auf, du wirst ein filber-stük finden, nim das und
gib es für mih und dih.

18. Zu jener zeit traten di lerlinge zu Jš und sprañen: 1
Wer ist der gröste im himmel-reih? Jš rif ein kind zu 2
fih, stelte es mitten unter fi, und sprah: Warlih, ih fage 3
euh: Wenn ir euh niht umkertet und wi di kinder würdet,
fo kämet ir niht ins himmel-reih hinein. Wer fih felbst 4
ernidrigen wirt wi dis kind [zum kinde bei den menshen
um Xš willen wirt], der ist der gröste im himmel-reih.
Wer ein folñes kind, [ein kind gottes] in meinem namen 5
aufnäme, der nimt mih auf. Wer einen difer kleinsten 6
ärgerte, di an mih glauben, dem wäre es besser, das
ein mül-stein an feinen hals gehängt, und er in den fe, wo
es am tifsten ist, ferfenkt würde. [Es sheint unrihtig,
das Jš niht eins, fondern einen difer kleinsten, fagt, alein
es findet dabei am ende ein übergang fom gleihnis zum
eigentlih gemeinten stat, indem am ende niht kinder, fon-
dern di gerehten gottes gemeint werden. Wer ein kind
aufnimt, der hat unter den menshen etwas gutes getan,
doh dint er damit wirklih erst dem bilde, da Jš am ende
in einem gleihnis sprah, und di kinder dan niht kinder,
fondern gottes kinder, das heist, di gerehten gottes find.
Wer Xš im ferborgnen aufnimt, der nimt am ende alle
kinder [gottes] auf, weil alle kinder [gottes] am ende in

Xš zu begreifen find.] Wehe der welt, der ärgernisse 7
wegen. Es müssen ärgernisse kommen, doh wehe dem
menshen, durh den fi kommen. Wenn deine hand oder 8
dein fus dih ärgerte, fo hau fi ab und wirf fi fon dir.
Es ist besser für dih, das du zum leben lam oder als krüppel
eingingest als das du zwei hände oder zwei füse hättest
und ins ewige feuer geworfen würdest. Wenn dein auge 9
dih ärgerte, fo reis es aus und wirf es fon dir. Es ist
besser für dih, das du einäugig zum leben eingingest als .
das du zwei augen hättest und ins höllishe feuer geworfen
würdest. [Es ist besser ein glid, eine hand oder einen fus,
zu ferliren und das leben zu behalten als alle glider zu
behalten und das leben zu ferliren. Wi ein glid ferhält
fih aber der [fergänglihe] leib, und es ist daher besser,
den leib zu ferliren und das leben [im ferborgnen] zu
behalten, als den leib zu behalten und das leben [im fer-
borgnen] zu ferliren. Alle zeigen durh ire libe zum leben,
das allen das leben über alles get, indem alle alles lassen,
wenn fi dadurh nur das leben behalten oder erhalten kön-
nen. Dis zu fehende ist aber ein bild, das wirklihe in
Xš am kreuze, der alles wirklih für das leben lis, wärend
alle, wenn fi alles fürs leben lassen, es niht wirklih tun.]
Set zu, ferahtet niht eines fon difen kleinen, denn ih fage 10
euh: Ire boten im himmel fen allezeit meines faters an-
gefiht im himmel. [Es ist hirbei niht zu fergessen, das
Jš in gleihnissen spriht, und dan am ende niht kinder
gemeint fein können, fondern di kinder blos ein bild der
kinder gottes find. Kinder fen ebenfo wenig wi erwaxne
das angefiht gottes, fondern fen es im ferborgnen di kin-
der gottes. Es wirt gefagt, di toten find im himmel und
for got. Es ferhalten fih aber alle in Xš oder di kinder
gottes wi gestorbne, mit Xš begrabne, und find fi dan im
himmel und fen gottes angefiht. Di kinder der menshen
find aber niht gestorben und können dan auh niht im
himmel fein.] (Des menshen fon kam das ferlorne [di in 11
der welt ferlornen kinder gottes] zu retten.) Was dünkt 12
euh? Wenn ein mensh hundert shafe hätte, und eins fon
inen fih ferirte, lise er niht di neun und neunzig auf den
bergen und ginge, das ferirte zu fuhen? Wenn es geshähe, 13
das er es findet, warlih, ih fage euh, fo freute er fih mer
darüber als über di neun und neunzig niht ferirten. So 14
ist es niht der wille eures faters im himmel, das eines
fon difen kleinen [eins fon gottes kindern] ferloren würde.
Sündigte dein bruder an dir, fo ge hin und strafe in zwi- 15

shen dir und im alein. Hörte er dih, fo hättest du deinen
bruder gewonnen; hörte er dih niht, fo nim noh einen 16
oder zwei zu dir, damit di ganze fañe auf zweier oder dreier
zeugen mund bestände. Hörte er di niht, fo fag es der 17
ferfamlung; hörte er di ferfamlung niht, fo fei er dir ein
heide oder zölner [fo habe weiter nihts mit im zu tun.]
Warlih, ih fage euh: Was ir auf erden bändet, das wirt 18
auh im himmel gebunden fein, und was ir auf erden lö-
fetet, das wirt auh im himmel gelöst fein. Weiter fage 19
ih euh: Wenn zwei unter ıeuh eins wären auf erden in
allem, was fi ferlangten, fo wirt es inen fon meinem fater
im himmel gewärt werden. Wo zwei oder drei in meinem 20
namen beifammen find, da bin ih in irer mitte. [Di einig-
keit zweier oder filer ist ein bild, das wirklihe im men-
shen, der niht feinen, fondern gottes willen tut. Wer
feinen willen tut, oder tut, was er wil, stet in einem
widerspruh mit fih, durh das, was er fagt und tut, und
ferhält fih wi zwei mit einander uneinige oder im streit
begrifne menshen. Wer aber niht feinen, fondern gottes
willen, tut, ferhält fih wi zwei mit einander in allem
einige menshen, wi einer, der rihtig und niht shwankend
begreift. Wenn wir rihtig begreifen, fo ist Xš in unfrer
mitte oder in uns, denn wenn wir [wirklih] rihtig be-
greifen, fo begreifen wir Xš [wirklih] und ist Xš dan in
uns. Es ist nihts, wenn zwei oder drei oder alle fagten,
das fi mit fih in allem einig find, was fi wollen, wenn
dabei zu bemerken ist, das fi niht reht begreifen, was fi
wollen, alfo unrihtig begreifen und alfo auh niht Xš be-
greifen, der dan auh niht unter inen fein kan. Wir wis-
sen, das alle am ende nur alles unrihtig begreifen, was
allen leiht nahgewifen werden kan, und dan auh Xš niht
unter inen ist, wenn fi es glaubten und dabei hundert
mal fagten, das fi in allem einig find, was fi wolten.]
Petrus trat zu im und sprah: Her, wi oft wirt mein bru- 21
der an mir fündigen und werde ih im fergeben? Bis zu
fiben mal? Jš sprah zu im: Ih fage dir, niht fiben mal, 22
fondern fibzig mal fiben. [Wem haben wir zu fergeben?
Doh niht dem gerehten bruder, der tut uns ja nihts un-
rehtes. Dan ist es alfo der ungerehte bruder, der uns
unreht tut, der uns um das bringt, was wir haben, am
ende um alles, um das leben, unfer libstes, dem haben
wir 490 mal zu fergeben, das heist am ende, alles unreht,
das er uns tat. Get doh nur auf Xš. Mahte er es niht
ebenfo? Wenn wir aber Xš nahfolgen wollen und fagen,

das wir bei îm find, dan müssen wir uns auh fo ferhal-
ten wi er, um niht lügner zu fein. Wir haben daher alles
unreht, das uns di menshen tun, wi Xš zu fergeben,
weil uns fonst niht fergeben werden würde. Es täushe
fih nimand. Wer Xš kreuz niht auf fih nimt, das heist,
unter den menshen niht fon allen leiden wil, fondern
darauf komt, zu strafen, wi es menshen tun, und dabei
meint, Xš zu folgen und bei Xš zu fein, der ist wanfinnig;
er weis niht, was er tut; er glaubt fernümftig zu fein, und
bringt andre und fih im ferborgnen ums leben.] — Das 23
himmel-reih wurde daher gleih einem könige, der mit fei-
nen knehten rehnen wolte. Als er di rehnung anfing, 24
wurde einer zu im gefürt, der war îm zen taufend pfund
[filber] shuldig. Da er niht zu bezalen hatte, befal der 25
her, în, fein weib, feine kinder und alles, was er hatte, zu
ferkaufen und zu bezalen. Der kneht fil for im hin, flete 26
în an und sprah: Her, habe geduld mit mir; ih werde dir
alles bezalen. Da wurde difes knehtes hern herz aufge- 27
zert, er lis în los und erlis im auh di shuld. Der kneht 28
ging hinaus und fand einen feiner mitknehte, der war im
hundert ort shuldig; er grif în, würgte în und sprah: Be-
zale mir, was du mir shuldig bist. Da fil fein mitkneht 29
hin, und bat în: Habe geduld mit mir, ih werde dir alles
bezalen. Er aber wolte niht, fondern ging und warf în 30
ins gefängnis bis er bezalte, was er shuldig war. Geine 31
mitknehte fan das und wurden fer betrübt; fi gingen und
brahten alles, was fih begeben hatte, for iren hern. Da 32
forderte fein her în for fih und sprah zu im: Du shalks-
kneht, jene ganze shuld erlis ih dir, weil du mih batest;
mustest du dih niht auh über deinen mitkneht erbarmen, 33
wi ih mih über dih erbarmte? Gein her wurde zornig 34
und übergab în dem henker bis er alles bezalte, was er
im shuldig war. Go wirt mein himlisher fater es auh mit 35
euh mahen, wenn ir niht fon eurem herzen fergäbet, ein
jeder feinem bruder feine feler.

19. Es begab fih, als Jš dife rede folendet hatte, er- 1
hob er fih aus Galiläa und kam in di marken des Jü-
dishen landes, jenfeit des Jordans. File haufen folgten 2
im nah; er heilte fi dort. Di farifäer traten zu im, fer- 3
fuhten în und sprahen zu im: Ist es auh reht, fih, um
irgend einer urfahe willen, fon feinem weibe zu sheiden?
Er antwortete inen: Lafet ir niht, das der shöpfer am an- 4
fang man und weib shuf und fagte: Deswegen wirt ein 5
mensh den fater und di mutter ferlassen und an feinem

weibe hängen und werden di beiden Ein fleish fein? Gi 6
find alfo niht zwei, fondern Ein fleish; was got zufammen
johte, das trenne der mensh niht. [Es gehört zufammen;
was aber der mensh zufammen johte oder ferband, das
läst fih trennen, da es niht bei got ferbunden und gebun-
den ist.] Gi fagen zu îm: Warum gebot aber Mofes, einen 7
sheide-brif zu geben und fih zu sheiden? Er fagt zu inen: 8
Mofes erlaubte euh, wegen eures harten herzens, euh fon
euren weibern zu sheiden, aber fon anfang ist es niht fo
gewefen. Ih fage euh: Wer fih fon feinem weibe shide, 9
niht wegen hurerei, und eine andre freite, der briht di
ehe (und wer di abgeshidne freite, der briht di ehe.) Di 10
lerlinge fagen: Stet di fafhe eines mannes mit feinem weibe
fo, fo ist es niht gut, ehelih zu werden. Er sprah zu 11
inen: Niht alle fassen das wort, fondern nur jene, denen
es gegeben ist. [Damit, das Jš fagte: Niht alle fassen das
wort, wurde fon im angedeutet, das fi feine worte niht
reht ferstanden. Jš worte: Wer fih fon feinem weibe
shide, und eine andre freite, der briht di ehe, sheinen niht
shwer zu fersten zu fein, auh glaubten feine lerlinge fi zu
fersten, und ferstanden fi feine worte am ende doh niht,
da Jš worte, um fi reht zu fersten, als gleihnis aufgefast
werden müssen, und niht buhstäblih genommen werden
dürfen. Das im weibe des menshen [in gewönlihem fin]
niht das weib des menshen in Jš fin zu begreifen ist, wurde
durh Jš worte: Wer gottes willen tut, der ist meine mutter,
meine shwester und mein bruder, angedeutet, da ja, wenn
das niht unfre mutter, unfre shwester und unfer bruder
ist, di fo genant werden, dan auh niht eines weib das fein
kan, das fo genant wirt, und ist alfo das zu fehende weib
wi di zu fehende mutter oder shwester nur ein bild oder
gleihnis, und das wirklihe weib wi di wirklihe mutter oder
shwester im gerehten gottes [in Xš] zu begreifen, und wirt
alfo durh Jš bedeutet, das wer fih fom gerehten [im bilde,
fon feinem weibe] sheidet und fih an di welt [eine andre]
hängt, di ehe [im geiste] briht, und wäre nur ein grund
dazu, wenn der gerehte ungereht würde [im bilde, hurerei
tribe], oder wenn in dem, der gereht genant wirt, wirklih
niht das gerehte bei got gefunden würde. — Wer di [mit
grund, um der hurerei willen] abgeshidne freite, der briht
di ehe, das heist, wenn der mensh fih ans ungerehte hilte
oder hinge, und alfo niht mit dem gerehten, fondern un-
gerehten in einer zeugung zufammen gefunden würde, fo
brähe er di ehe. Durh das neue in Xš ist das alte in

Mofes abgeshiden, und wer dan noh bei Mofes blibe und
niht bei Xs̄ wäre, der freite [im bilde] di abgeshidne.
Wer fih fon feinem weibe sheidet, um mit Xs̄ zufammen
zu fein, das heist, um im ferborgnen niht das fergängliħe,
fondern das unfergängliħe leben zu erhalten, briht in ge-
wönliħem fin di ehe, aber niht bei got, da er bei got, oder
im grunde in der ehe wirklih gefunden werden würde, in
der erzeugung des lebens. Es ist aber dem menshen der
hartherzigkeit wegen erlaubt, di ehe im buh-staben zu bre-
ħen, durh di neue in Xs̄, um zu einem weiħen herzen zu
kommen, denn wenn etwas erlaubt wirt, fo kan es nur er-
laubt werden, um fom shlehten zum guten zu kommen. —
Es gibt fershnitne, di aus dem mutter-leibe fo geboren 12
wurden; es gibt fershnitne, di fon menshen fershnitten
wurden und gibt es fershnitne, di fih, um des himmel-
reiħes willen, felbst fershnitten. Wer es fassen kan, der
fasse es. [Es gibt fershnitne, di fershnitten geboren wur-
den. Fershnitten ist eigentlih nimand geboren, fondern
wurden alle, di fershnitten find, erst fon menshen fershnit-
ten, oder fershnitten fi fih felbst, und wurden daher fon
Js̄ unter den fershnitten gebornen, folħe gemeint, di fo
geboren werden, das fi zum zeugen unfähig find wi di
fershnitnen, und gibt es dan fershnitne, di fon menshen
fershnitten, oder niht ums himmel-reih fershnitten wurden
und andre, di um des himmel-reiħes willen fershnitten
wurden. Da alles zu fehende nur ein bild oder gleihnis
ist, fo find das niht wirklih di, di fih um des himmel-
reiħes willen fershnitten, di es im zu fehenden find, fon-
dern di, di fih wi dife ferhalten, das heist, di iren leib
kreuzigen und dadurh im zu fehenden unfähig zum zeugen
find, wärend fi im ferborgnen beshnitten, und zur zeugung
reht fähig gemaht werden. An Xs̄ am kreuze wurde bei-
des gefen, und wurde das fershnitne durh den gekreuzig-
ten [fershnitnen] leib angedeutet, und das beshnitne durh
den leib, der fon feinem leibe [dem ferborgnen leibe] gè-
shnitten wurde. Im 5 Mof. 23, 1, heist es: Kein fershnitner
wirt in gottes ferfamlung kommen, weil nämlih durh das
fershneiden di erzeugung des lebens ferhindert wirt, di
aber niht ferhindert, fondern befördert werden fol, woher
di beshneidung eingefürt wurde, durh welħe der leib reih-
liħer trägt wi ein tragender baum reihliħer trägt, wenn er
beshnitten wirt. Durh di zu fehende beshneidung wirt
aber im grunde nur das fergängliħe, doh niht das unfer-
gängliħe leben reihlih und shön erhalten, und mus der

mensh am ende fih im zu fehenden wi ein fershnitner fer-
halten, und in der rehnung fein, um wirklih reihlih das
leben im ferborgnen zu erhalten. Wer feinen leib [fein
fleish] kreuzigt, und im zu fehenden kein fershnitner ist,
ist doh ein bei got fershnitner, und ferhält fih wi ein fer-
shnitten geborner, da er fon got geboren wurde. Wer fon
menshen fershnitten würde, oder fih felbst um des himmel-
reifes willen fershnitte, fonst aber wi alle lebte, äse und
tränke [das fergänglifie leben erhilte und daran hinge],
hätte das zu begreifende niht reht begriffen, er würde dem
bilde dinen und niht dem wirklifien und durh feine fer-
shneidung bei got nihts erreifen wi di beshnitnen, di be-
shnitne genant werden [di Juden], durh ire beshneidung
nihts bei got erreifen. Wi di beshnitnen, di beshnitne
genant werden [fon den unbeshnitnen, unter denen fi wo-
nen], di Juden, fih fer stark fermeren und fih unter frem-
den fölkern [unter den heiden] fo erhalten wi kein andres
folk unter andern fölkern, fo fermerten fi fih auh shon
unter den Ägyptern zu Mofes zeit fer stark, was di heiden,
di Ägypter, für fih gefärlih fanden und inen am ende auh
gefärlih werden muste, woher fi di Juden auf alle mög-
lifie art und weife bedrükten wi es noh jezt unter den
rohen heiden zu bemerken ist, unter welfien di kinder
gottes [di Juden] leben. Di starke fermerung der Juden,
oder ir reihlifies tragen, wirt durh ire beshneidung be-
wirkt, wi das reihlifie tragen tragender bäume, wenn fi
beshnitten werden. Es find dan aber di Juden, oder di
beshnitnen, di beshnitne heisen, zwar gottes folk im bilde,
das wirklifie ist aber an Xs am kreuze zu begreifen, dem
bei got, und besser als di Juden, di Juden heisen, be-
shnitnen, der durh feine beshneidung im ferborgnen reih-
lih und wirklih shön trägt, im geiste und niht im fergäng-
lifien. Di Juden dinen mit irer beshneidung dem bilde,
aber dem wirklifien niht. Gi kommen durh ire beshnei-
dung dazu, reihlih zu tragen, oder fih stark zu fermeren,
doh nur im fergänglifien, und kommen alfo im grunde niht
dazu, wozu fi kommen follen, fondern zum gegenteil der
wirklifien fermerung, di im ferborgnen, nah dem geiste,
geshit, und gereiht alfo ire erfüllung des gefezes nah dem
buh-staben grade zum gegenteil dafon, was durh das gefez
bezwekt wirt, und werden fi in irer erfüllung des gefezes
als übertreter des gefezes gefunden, als ehe-brefier und
ehe-brefierinnen, di nur di lust des fleishes befridigen, und
niht neues leben im ferborgnen emfangen und geben wol-

len. — Wer ein weib hat, lebe mit ir ſo wi wenn er keins
hätte, oder wi wenn ſein weib ſeine shwester wäre, anders
kan er got niht gefallen. Wil das weib ſih dan shei-
den, ſo mag ſi ſih sheiden, der man kan weiter niht an
das weib gebunden ſein. Wer di abgeshidne freite, bräħe
di ehe, denn er ferlangte nah dem fleish, und wer di lust
des fleishes befridigen wil, wil wirklih niht neues leben
im ferborgnen erhalten [geben oder emfangen]. Der mensh
ist in einer zeugung begriffen, in der entweder im ferborg-
nen leben und geist emfangen und gegeben wirt, oder in
der im ferborgnen niht leben und geist emfangen und ge-
geben wirt. Di erste zeugung ist di mit Xŝ, di andre di
mit der welt; in der ersten zeugung werden di kinder
gottes erzeugt, in der andern di kinder der welt, oder in
der ersten [im bilde] kinder in der ehe, in der andern
huren-kinder, di mit den kindern in der rehtmäsigen ehe
niht erben ſollen. In den kindern der welt wirt kein
geist, das heist, ein ungeist erzeugt, ein toter geist und
werden di kinder der welt am ende [im bilde] tot geboren
und tot gefunden werden, di kinder gottes aber mit leben
und geist. Ꙅo werden denn di kinder der welt begraben
werden [am ende der welt], weil ſi tot geboren und tot
ſind, di kinder gottes werden aber leben, weil ſi geist und
leben haben, und werden ſi auf der neuen erde und im
neuen himmel wonen, aber di totgebornen kinder der
welt werden ewig im grabe begraben, im dunkel des gra-
bes, ligen und bleiben.] — Da wurden kinder zu îm gebraht, 13
damit er di hände auf ſi legte und [für ſi] betete. Di ler-
linge furen ſi an. Jŝ aber sprah: Last di kinder und wert 14
inen niht, zu mir zu kommen, denn ſolħen gehört das him-
mel-reih. [Denen, di ſih wi kinder ferhalten, di im ſin der
menshen klein oder di kleinen ſind, denn was Jŝ ſagte,
das ſagte er am ende nur in einem gleihnis.] Er legte di 15
hände auf ſi und zog fon dannen. [Indem Jŝ di kinder
ſegnete, deutete er am ende im bilde an, das di kleinen
bei den menshen, di kinder gottes, fon im niht wi fon den
menshen angefaren, ſondern geſegnet werden.] — Ꙅet, da 16
kam einer zu îm und sprah: Guter lerer, was werde ih
gutes tun, damit ih das ewige leben hätte? Er sprah zu 17
îm: Was nenst du mih gut? Nimand ist gut als nur ein
einziger, got. Wilst du zum leben eingen, ſo halte di ge-
bote. Er spriht zu îm: Welħe? Jŝ sprah: Dis: Du wirst 18
niht töten, niht ehebreħen, niht stelen, kein unwares zeug-
nis geben; ere fater und mutter und du wirst deinen nähs- 19

ten liben wi dih felbst. Der jüngling spriht zu im: Das 20
hilt ih alles (fon meiner jugend an); was felt mir noh? Jē 21
sprah zu im: Wilst du folkommen werden, fo ge hin, fer-
kaufe, was du hast und gib es den armen, fo wirst du
einen shaz im himmel haben, und kom und folge mir nah.
Als der jüngling das hörte, ging er betrübt fon im, denn 22
er hatte file güter. Jē sprah zu feinen lerlingen: Warlih, 23
ih fage euh: Ein reiñer wirt shwerlih ins himmel-reih kom-
men. Weiter fage ih euh: Es ist leihter, das ein kamel 24
durh ein nadel-ör ginge, als das ein reiñer in gottes reih
käme. Als feine lerlinge das hörten, enzezten fi fih fer 25
und sprañen: Wer kan denn errettet werden? Jē fa fi an 26
und sprah zu inen: Bei den menshen ist es unmöglih, aber
bei got ist alles möglih. [Der reihtum der menshen hilft
zu nihts, und können daher di reiñen bei den menshen
niht ins himmel-reih kommen; aber der reihtum bei got
hilft zu allem, und können und werden daher di bei got
reiñen ins himmel-reih kommen. Übrigens kommen niht
nur di bei den menshen reiñen, fondern auh di bei den
menshen armen, niht ins himmel-reih. Di reiñen wi di
armen find nur ein bild und wirklih niht da, wo fi im
bilde gefen werden. Wer niht feinen, fondern gottes
willen tut, der ist reih bei got und doh auh arm, weil er
alles, was er hat, um des lebens willen in Xē hingibt, oder
find di durh gottes geist arm gewordnen armen, gottes
arme, aber niht di armen bei den menshen, di iren willen
tun. Jeder hat in feinem leben fon got di nötigen mittel
[das leben], um damit das [ewige] leben zu erhalten. Wer
aber etwas oder alles hat, um das leben zu erhalten, der
ist niht arm, alfo auh niht der arme bei den menshen,
weil er das geld [das leben] hat, um damit das leben [im
geiste] erhalten zu können. — Di armen, di um brod
bitten, find ein bild der armen gottes, di um das brod
des ewigen lebens bitten, aber kein armer gottes wirt um
brod bitten oder betteln wi di armen bei den menshen.
Der arme gottes [fet nur hin auf Xē] ferlangt das brod
der menshen niht, weil es niht fat maht, fondern am ende
nur hungrig läst; er bittet um das brod, das fat maht,
das kein mensh geben kan, und fon uns in Xē erhalten
wirt, wenn wir uns in der rehnung wi Xē ferhalten, fonst
aber niht. Wenn wir di zur erhaltung des [ewigen] lebens
nötigen mittel [unfer jeziges leben] durh den tod ferliren,
und dan am ende nihts mer haben würden, um das leben
zu erhalten, dan würden wir ewig arm bleiben müssen.

Wir find jezt durh Xᷤ alle reih oder haben geld [unfer
leben], um damit das leben zu erhalten, wi im bilde, wer
geld hat, das leben damit erhalten kan, und womit eben
angedeutet werden fol, das, wer geld hat, das leben er-
halten kan, indem das geld das mittel zur erhaltung des
lebens ist. Wir wissen durh Xᷤ, das der leib unfres
lebens das filber-stük ist, das allen fon got gegeben
wurde, um das leben einzukaufen, mit geld aber das leben
niht erhalten werden kan. Für etwas, gehört etwas, das
leben für das leben, und wer es niht hingeben wil, der
wirt das leben niht erhalten. Ein bild aller find di gei-
zigen, di das geld, das fi haben, niht ferwenden, um das
leben zu erhalten, fondern es niht weggeben wollen und
darüber am ende das leben ferliren, weil alle eben auh
das leben, anstat es für das leben [im geiste] hinzugeben,
und fih am leben zu erhalten, es niht weggeben wollen
und hirdurh am ende das leben [im geiste] ferliren. Ein
bild aller find aber auh di fershwender, di das, was fi zur
erhaltung des lebens erhilten oder erbten, auf eine törihte
weife durhbringen und dan am ende nihts mer haben, um
das leben zu erhalten und umkommen müssen, weil eben
alle auh das geld [ir leben], das fi zur erhaltung des
lebens [im geiste] erhilten und erbten, auf eine törihte
weife durhbringen und ferliren und dan am ende nihts
mer haben um das leben zu erhalten. Wir wissen, das
alle mit dem, was fi reht finden, nur dem bilde dinen,
aber niht dem wirklihen und bei irem eitlen bilder-dinste
bleiben, weil fi für das wirklih rehte niht einen finger
rüren wollen.] — Da sprah Petrus zu im: Gi, wir ferlisen 27
alles, und folgten dir nah; was werden wir dafon haben?
Jᷤ sprah zu inen: Warlih, ih fage euh: Ir werdet, di ir 28
mir in der widergeburt [der neuen geburt durh di emfäng-
nis des geistes fon got] nahfolgtet, wenn des menshen fon
auf feinem eren-stule fäse, mit im auf zwölf stülen fizen
und di zwölf geshlehter Ifraels rihten. [Ein gleihnis, in
dem di ere bedeutet werden fol, zu der di kommen wer-
den, di Xᷤ zum kreuze folgen und bei den menshen zum
spot werden.] — Ein jeder, der häufer ferlis, oder brüder, 29
oder shwestern, oder fater, oder mutter, oder weib, oder
kinder, oder äkker, um meines namens willen, der wirt es
hundertfältig nemen [im ferborgnen] und das ewige leben
ererben. [Wenn wir alles um Xᷤ willen ferlassen, was uns
lib ist, und das uns libste hingeben [unfer leben, denn
der mensh hat liber als alles das leben], fo erhalten wir

im ferborgnen [durh di neue geburt im geiste, durh den
geist gottes] alles filfältig wider, und wirt es offenbar wer-
den am ende der welt, wenn alles ferborgne [wi in der
knospe ferborgne] offenbar werden wirt. Solange dis aber
niht geshit, oder folange als das fergänglihe [dife welt] da
ist, müssen wir fon allen ferahtet, ein fluh aller und di
ärmsten der menshen fein, weil Xš fon allen ferahtet, ein
fluh aller und der ärmste mensh auf der erde war. Xš,
oder gottes arme find niht di bei den menshen armen.
Dife, oder di gewönlihen armen, di arme genant werden,
find im bilde di armen gottes, aber wirklih find fi es niht.
Xš, oder gottes arme haben alles, was fi hatten, um Xš
willen, oder um des lebens willen im ferborgnen [im
geiste] hingegeben, oder ferloren; das taten di armen bei
den menshen oder di gewönlihen armen niht. Xš und
gottes arme bitten und betteln niht um brod und wollen
auh niht wi di gewönlihen armen das fergänglihe leben
erhalten, was di bei den menshen armen oder di gewön-
lihen armen nur wollen, wi di bei den menshen reihen,
woher fih denn im grunde di einen fon den andern niht
untersheiden, fondern nur im bilde. Di gewönlihen armen,
di arm geboren wurden oder auf irgend eine weife unter
den menshen arm wurden, doh niht um Xš willen, find im
grunde alfo fon gottes armen ebenfo weit entfernt wi di
bei den menshen reih genanten oder reihen in gewönlihem
fin.] — Aber file als di ersten werden di lezten und di 30
lezten di ersten fein. [Bei den menshen find di reihen di
ersten, di armen di lezten, und werden alfo di armen di
ersten fein. Dabei ist nur niht zu fergessen, das Jš in
gleihnissen sprah oder nihts one gleihnis fagte, und wer-
den dan niht wirklih di ersten fein, di es im gleihnis
oder bilde fein werden, alfo niht di bei den menshen
armen, oder di arm genanten, fondern Xš arme, di um Xš
willen arm gewordnen armen, dife werden di ersten fein,
arme und reihe aber, im finne der menshen, werden di
lezten fein.]
    20. Das himmel-reih ist gleih einem haus-hern, der 1
frü am morgen ausging, arbeiter für feinen wein-berg zu
miten. Er wurde mit den arbeitern eins, den tag für einen 2
ort, und shikte fi in feinen wein-berg. Er ging um di 3
dritte stunde aus, fa auf dem markte andre müssig sten,
und fagte zu inen: Get auh in den wein-berg, ih werde 4
euh geben, was reht wäre. Si gingen hin. Er ging wider 5
aus, um di fexte und neunte stunde, und mahte es ebenfo,

Er ging um di elfte stunde aus, fand andre müssig sten 6
und spriht zu inen: Was stet ir hir den ganzen tag müs-
sig? Gi sprañen zu im: Nimand nam uns an. Er spriht 7
zu inen: Get auh in den wein-berg (ir werdet bekommen,
was reht wäre). Es wurde abend; der her des wein-ber- 8
ges spriht zu feinem shafner: Rufe di arbeiter, gib inen
den lon, und fange fon den lezten an, bis zu den ersten.
Di fon der elften stunde kamen und emfingen zu einem 9
ort. Di ersten kamen und meinten, fi werden mer emfang- 10
en, aber fi emfingen auh zu einem ort. Als fi emfingen, 11
murten fi wider den haus-hern, und sprañen: Dife lezten 12
arbeiteten nur Eine stunde und du mahtest fi uns gleih,
di wir des tages last und hize trugen. Er antwortete 13
einem fon inen: Mein freund, ih tue dir niht unreht; wur-
dest du niht mit mir eins für einen ort? Nim das deine 14
und ge; ih wil difem lezten geben wi dir; oder habe ih 15
niht maht, mit dem meinen zu tun, was ih wil? Gist du
darum shel, weil ih gütig bin? — Go werden di lezten di 16
ersten und di ersten di lezten fein. [Es ist dabei auh an
di zuerst berufnen Juden unter Mofes und di lezten in
Xŝ zu denken, di niht di filen opfer der Juden unter Mo-
fes bringen, fondern nur Ein opfer, das opfer der libe in Xŝ.]
(File find berufen, aber wenige auserwält.) — Als Jŝ nah 17
Jerufalem hinaufging, nam er di zwölf lerlinge für fih auf
den weg und sprah zu inen: Get, wir gen hinauf nah Je- 18
rufalem; des menshen fon wirt den hoh-geistliñen und
shrift-gelerten übergeben werden, fi werden in zum tode
ferurteilen, in den heiden zum ferspotten, geiseln und 19
kreuzigen übergeben, und am dritten tage wirt er erwekt
werden. — Da trat zu im di mutter der föne fon Zebe- 20
däus mit iren fönen, fil for im nider und bat in um etwas.
Er sprah zu ir: Was wilst du? Gi spriht zu im: Gag, 21
das dife meine beiden föne in deinem reih fizen, einer zu
deiner rehten, der andre zu deiner linken. Jŝ antwortete: 22
Ir wist niht, was ir bittet. Könt ir di shale trinken, di
ih trinken fol (und euh taufen lassen, mit der taufe, mit
der ih getauft werde)? Gi sprañen zu im: Wir können es.
Er spriht zu inen: Ir werdet zwar meine shale trinken, 23
(und mit der taufe getauft werden, mit der ih getauft
werde), aber das fizen zu meiner rehten und linken zu
geben, stet mir niht zu, fondern [kommen di dazu], denen
es fon meinem fater bereitet worden ist. — Di zen hörten 24
es und wurden über di beiden brüder ungehalten. Jŝ rif 25
fi zu fih und sprah: Ir wist, das di obern der heiden über

ſi hershen und di grosen ire gewalt gebrauñen; ſo wirt es 26
niht unter euh ſein, ſondern, wer unter euh gros ſein
wolte, der wirt euer diner ſein, und wer unter euh der 27
erste ſein wolte, der wirt euer kneht ſein; wi des menshen 28
ſon niht kam, ſih dinen zu lassen, ſondern zu dinen, und
ſein leben als löſe-geld [zur erlöſung] für ſile hinzugeben.
[Xš gab ſein leben als löſe-geld oder zur erlöſung für ſile
hin, alſo niht für alle, doh aber auh für alle. Für ſile
oder niht für alle, inſofern als durh Xš löſe-geld nur
der mensh im ferborgnen, aber niht der zu ſehende mensh
[der fergängliñe mensh] erlöst wirt, der wi Xš leiden und
sterben mus, alſo niht erlöst wirt. Da aber das äusre als
das fergängliñe weiter niht in betraht komt, ſo werden am
ende alle durh Xš löſe-geld fom tode erlöst. Das heist
aber niht, das wir weiter gar nihts zu unſrer erlöſung fom
tode zu tun haben, da Xš shon alles für uns getan hätte,
ſondern heist es, das wir uns nur wi Xš zu ferhalten ha-
ben [im leben und tode], um wi er das nötige löſe-geld zu
haben, ſon den banden des todes los zu kommen. Xš löſe-
geld war das ſilber ſeines lebens, das er zur erhaltung des
lebens im ferborgnen [im geiste] hingab und dadurh er-
hilt, und ſo müssen wir denn auh das ſilber unſres lebens
zur erhaltung des lebens im ferborgnen wi er hingeben,
um das leben zu erhalten. — Um gleih zu bemerken, wi es
ſih damit ferhält, das Xš ſein leben zur erlöſung für ſile
hingab, und wir durh in erlöst worden ſind, ist auf ein
gleihnis zu kommen, in dem zwei brüder geſen werden,
ſon denen der eine einen mord beget und ein mörder ist,
und der andre, der kein mörder ist, aus libe zum bruder,
um den bruder am leben zu erhalten, des bruders shuld,
den begangnen mord, auf ſih nimt und als mörder büst.
Der ungerehte bruder, der mörder, wäre dadurh allerdings
der strafe entgangen; doh aber am ende nur ſolange als
das ferborgne [der im ferborgnen begangne mord] niht
auskäme. Dähte der mörder alſo wol reht, wenn er
glaubte, das, weil der gute bruder di shuld auf ſih genom-
men, und für in gebüst hätte, er der strafe für immer ent-
gangen wäre? — Was hätte er zu tun? Müste er niht zum
rihter hingen und ſih als den mörder angeben? Wäre er
das dem guten bruder niht shuldig, durh den er ſein leben
erhilt, das er alſo dem bruder shuldig ist und ferdankt?
Würde er aber, wenn er zum rihter ginge, der strafe ent-
gen? Da der gerehte bruder, der kein mörder war, als
mörder bestraft wurde, wi ſolte er, der mörder, dan der

strafe entgen? Aber ist niht zu erwarten, wenn er fein
unreht eingestet, das er eine weniger shwere strafe emfang-
en wirt als wenn er es niht täte und darauf wartete, bis
alles auskäme? — Wir find im ferborgnen [in der reh-
nung] alle mörder und hat Xs, der gute bruder, unfre
shuld auf fih genommen, um uns fon der strafe des todes
zu erretten und am leben zu erhalten. Glaubten wir nun,
das wir dadurh shon für immer und ewig fon der strafe
des todes befreit wären und weiter gar nihts zu tun brauh-
ten, frölih fein, und essen und trinken könten, fo irten wir
uns am ende arg und ferrite es keine libe, und würden
wir zwar augenbliklih, das heist, in difem leben, weiter
niht bestraft werden, aber am ende [am ende der welt],
wenn alles im ferborgnen geshehende auskäme, der strafe
niht entgen. Wir wissen durh Xs, das fih das ganze al
wi zwei brüder ferhält, fon denen der eine ein mörder ist,
und der andre, der kein mörder ist [der das leben erhält],
den mörder am leben erhalten wil und in feiner libe zum
ungerehten bruder den tod erleidet, der fih dan niht als
mörder bekent, fondern gereht zu fein glaubt. Am ende
wirt aber alles auskommen, und wirt dem gerehten bruder
das leben widergegeben, dem ungerehten aber genommen
werden und wirt dan der erste dafon ewig das leben, der
andre aber ewig den tod haben.] — Als fi fon Jeriho aus- 29
zogen, folgte im ein groser haufe nah. Get, zwei blinde 30
fasen am wege; fi hörten, das Js forüber get und shrin:
Her, du fon Dawids, erbarme dih unfrer. Der haufe be- 31
drote fi, damit fi shwigen, aber fi shrin nur um fo mer:
Her, du fon Dawids, erbarme dih unfrer. Js blib sten, 32
rif fi und sprah: Was wolt ir, das ih euh tun folte? Gi 33
sprahen zu im: Her, das unfre augen geöfnet würden. Js 34
wurde das herz aufgezert, er rürte ire augen an, fi fan fo-
gleih und folgten im nah.

21. Als fi na bei Jerufalem waren und nah Betfage, 1
an den öl-berg, kamen, fante Js zwei feiner lerlinge ab,
und sprah zu inen: Get in den flekken, der for euh ligt; 2
ir werdet alsbald eine efelin angebunden finden und ein
füllen bei ir; löfet fi auf und fürt fi zu mir. Wenn euh 3
jemand etwas fagte, fo werdet ir fagen: Der her bedarf irer,
und er wirt fi gleih abshikken. Dis ist aber alles geshen, 4
damit des profeten worte erfült würden: Gagt der tohter 5
Zion: Gi, dein könig komt zu dir fanftmütig [ein gerehter,
ein helfer und arm]; er reitet auf einem efel, auf eines
joh-tires füllen. — Di lerlinge gingen und taten wi Js es 6

inen anbefolen hatte; ſi brahten di eſelin und das füllen, 7
legten ire kleider auf und ſezten în auf ſi [auf di kleider]
auf [auf das füllen.] Ein ſer groſer haufe breiteten ſi ire 8
kleider auf den weg hin; andre braⱨen zweige fon den
bäumen und streuten ſi auf den weg. [Es ist das hinlegen
der kleider auf den weg fon filen aus dem haufen oder
fom haufen, um Jŝ bei ſeinem einzuge in ire stat zu eren,
wi auh das ablegen der kleider fon Jŝ lerlingen auf das
eſels-füllen, auf dem Jŝ ſeinen einzug in Jeruſalem halten
ſolte, ein bild oder gleihnis, und werden darnah alle, di
Xŝ bei ſeinem einzuge in ire stat [zu ſih] eren, das kleid
ires lebens ablegen und auf den weg werfen, oder ſih ent-
blösen, da im gleihnis di kleider das kleid des lebens ſind.
Mit der im bilde erzeigten ere, wi es fom haufen gesha,
durh das ablegen, und auf den weg werfen der kleider,
wurde Jŝ am ende wirklih noh keine ere erzeigt, was denn
auh daraus zu bemerken war, das alle în am ende nur
ferunerten und anspin und alle shrin: Er werde gekreu-
zigt. Jŝ lerlinge, als ſi ire kleider auf das füllen legten,
erzeigten damit zwar auh nur Jŝ ere im bilde, aber am
ende auh wirklih, als ſi das kleid ires lebens ablegten,
um Xŝ zu eren, wi Xŝ got damit erte, das er für got das
kleid ſeines lebens am kreuze ablegte. Wi das hinbreiten
der kleider auf den weg, ſo war auh das abbreⱨen fon
zweigen und das streuen des laubes auf den weg ein bild
und wirt mit dem laube der bäume, das ſi abbraⱨen und
auf den weg streuten, um Jŝ bei ſeinem einzuge in ire
stat zu eren, der leib unſres lebens bedeutet, den wir bre-
ⱨen und auf den weg werfen müssen, um Xŝ zu eren
[wirklih zu eren], da er zu uns komt, um ſeinen einzug
bei uns zu halten. Wir erten in niht, wenn wir es niht
tun wolten.] — Di im foran gen und folgenden haufen 9
shrin: Hoſianna, dem ſone Dawids! Du geſegneter, der im
namen des hern komt; hoſianna in den höhen! Als er in 10
Jeruſalem einzog, wurde di ganze stat erregt und ſagten
ſi: Wer ist er? — Di haufen ſagten: Es ist der profet Jŝ 11
fon Nazaret in Galiläa. [Gi ſagten alſo niht, das er der
Messias, Xŝ, ist, ſondern, das er ein profet ist, wofür ſi in
alſo hilten. Jŝ ſelbst ſagte dem Gamarishen weibe, aber
niht den Juden, das er der Messias oder Xŝ ist, und daher
keinem, das heist, keinem Juden. Wi alles, was unter den
Juden geſen wurde, im grunde nur ein bild und niht das
wirkliⱨe war, durh das bild aber das wirkliⱨe angedeutet
wurde, ſo ist auh Jŝ einzug in Jeruſalem ein bild, und

war es niht das wirkliħe, doh wurde durh das bild das
wirkliħe [im ferborgnen zu ſehende] angedeutet. Wenn
könige stäte eingenommen haben und iren einzug halten,
ſo reiten ſi in di fon inen eingenomnen stäte hinein, und
muste daher Jš, um anzudeuten, das er in eine fon im
eingenomne stat als könig ſeinen einzug hält [in di stat
des himmels, im bilde Jeruſalem], in Jeruſalem hineinge-
ritten kommen, doh kam er niht wi di könige der erde
stolz zu ros in di stat geritten, ſondern demütig wi ein
armer als armer auf einem eſel, wodurh dan aber ſein
einzug in Jeruſalem wi ein spot-einzug eines einzuges der
könige der erde ersheinen muste, um ſo mer als in Jš
kein groser man, ſondern am ende nur ein shwaħes män-
ħen zu ſeu war, denn wäre er ein groser man oder fon
wux gros und stark geweſen, ſo hätte er doh wol niht ein
eſelħen genommen, auf dem, wi ſeine lerlinge erzälen, noh
nimand geritten war. Das Jš aber unter den Juden, ſei-
nen brüdern, niht der gröste war, das wirt auh dadurh
angedeutet, das es fon Dawid heist, er war der kleinste
unter ſeinen brüdern, und Jeſaias dan [im Jeſ. 66.] fon
Xš weisſagte: Er hatte nihts, wodurh er uns gefallen hätte,
er war der aller ferahtetste. Es muste alſo Jš einzug in
Jeruſalem [den Juden und heiden] wi ein spot-einzug er-
sheinen, wenn inen geſagt wurde: Der könig der Juden
hält ſeinen einzug in di stat. Es wurde denn auh alles,
was bei den königen der erde, den grosen, in ere geſen
wurde, an im nur im spot geſen. Di könige der erde wer-
den auf einem stule geſen, ſi haben ein hohrotes kleid
an, einen stab in irer hand, das szepter, als zeiħen irer
maht, und tragen eine krone mit funkelnden edel-steinen,
mit rubinen und ſapfiren. Auh Xš wurde auf einem stule
geſen [dem spot-stule des kreuzes], auh er hatte ein hoh-
rotes kleid an, einen stab in der hand [den stab des kreu-
zes], als zeiħen ſeiner maht, auh er trug eine krone mit
funkelnden edel-steinen [di dornen-krone mit blut-flekken,
wobei durh di roten rubine und blauen ſapfire das rote
und blaue blut angedeutet wirt.] Ꙅo wurde alſo alles an
Jš, dem könige der Juden, nur im spot geſen, wenn nur
auf das zu ſehende [im äusern] oder nur das äusre geſen
wurde, und ſau alle niht mer, da alle nur aufs äusre und
dadurh nur das äusre ſen. Wir aber, di wir durh Xš ins
ferborgne ſen, ſen auh das allen ferborgne und kommen
aufs wirkliħe. Jš hilt ſeinen einzug in Jeruſalem auf einem
eſel. Es zeihnet ſih der eſel aber durh ein kreuz auf ſei-

nen shultern aus, oder eine kreuz-zeihnung aus zwei shwar-
zen streifen, fon welħen einer über den rükken des eſels
läuft, und der andre [qer über denſelben] über di shultern
zu den forder-füsen. Das kreuz des eſels ſol Xš kreuz be-
deuten und wurde, durħ den eſel mit ſeinem kreuze, Xš
mit ſeinem kreuze bedeutet. Es wurde alſo am kreuze
niht der könig der Juden geſen, der ſeinen einzug in [das
himlishe] Jeruſalem hilt, ſondern nur der eſel mit dem
kreuze, niht aber der könig, der darauf ſas und [im fer-
borgnen in di himlishe stat] ſeinen einzug hilt. Der eſel
ist grau, und ſol das grau des eſels das grau oder dunkel
bedeuten, in dem Xš am kreuze, [ſon der ſexten bis zur
neunten stunde], geſen werden ſolte. Di hufe des eſels
werden wi di hufe des rosses [mit huf-eiſen] beshlagen,
womit angedeutet wurde, das Xš hände und füse mit eiſen
[mit nägeln] beshlagen werden ſolten, das heist, das Xš
gekreuzigt werden ſolte. Da Jš [nah der shrift] ſeinen
einzug in Jeruſalem auf einem eſel halten ſolte, ſo wuste
Jš am ende shon aus den [mit huf-eiſen] beshlagnen ros-
sen und eſeln wi aus den gespaltnen klauen der shafe [da
shafe nah dem geſez zum opfer bestimt ſind], das er [fon
den menshen] an händen und füsen mit eiſen [mit nägeln]
beshlagen werden, das heist, gekreuzigt werden muste; und
da rosse und eſel beshlagen werden, um ſi als joh-tire
[zug und last-tire] reht gebrauħen zu können, ſo muste Xš
mit eiſen beshlagen [gekreuzigt] werden, damit er für den
menshen [di menshen] reht brauhbar würde. — Wi file
könige hilten ſeit dem anfang der welt iren einzug in stäte,
di fon inen eingenommen waren. Ɠi ritten auf rossen und
waren di hufe der rosse [mit huf-eiſen] beshlagen, ſi hat-
ten ein hohrotes gewand um, einen stab in der hand als
zeiħen irer maht, eine krone mit funkelnden edel-steinen
als zeiħen ires glanzes auf dem haupte, aber keiner fon
inen wuste und ante an ende, was ſi mit alle dem und
mit ſih andeuteten; das mit iren einzügen in di fon inen
eingenonnen stäte nur Xš einzug in di fon im eingenonne
stat des himmels [in das himlishe Jeruſalem] angedeutet
werden ſolte; mit iren beshlagnen rossen, das Xš an hän-
den und füsen mit eiſen beshlagen werden, das heist, ge-
kreuzigt werden ſolte; mit iren hohroten gewändern, das
Xš leib blutig [rot fon blut] geſen werden ſolte; mit iren
fon edel-steinen funkelnden kronen di dornen-krone mit
[roten] blut-flekken, di Xš tragen ſolte. Ɠi dinten dem
bilde des später an Xš am kreuze zu ſehenden, wi ire

rosse, di feit dem anfang der welt [mithuf-eifen]beshlag-
en wurden und wi di tire mit gespaltnen klauen [oxen,
shafe], di feit dem anfang der welt fo gefen wurden und
niht wusten, was fi bedeuten oder forstellen folten. Wir
wissen dis jezt durh Xš, und was alles zu fehende bedeu-
tet und wurden durh Xš zur erkentnis des wirklihen ge-
braht. — Wi durh das kreuz des efels das kreuz bedeutet
wurde, das an Xš am kreuz gefen werden folte, fo wurde
durh das joh der joh-tire [der rosse und efel] bedeutet,
das Xš ein joh tragen folte. Das joh bedeutet aber im
grunde nur wider das kreuz oder ist im grunde das joh nur
wider das kreuz, was dadurh angedeutet wirt, das fih das
kreuz des efels am qagga, das zur gattung des efels und
rosses gehört, in eine menge joh-binden oder streifen um
den hals auflöst, was am zebra, das auh zur gattung des
efels und rosses gehört, niht nur am halfe, fondern am
ganzen leibe gefen wirt, wodurh das zebra über und über
mit streifen ersheint, di wi bänder um den hals, den leib,
den shwanz und di füse gen. Dabei löst fih der streifen,
der am efel über den rükken läuft, am zebra in zwei
streifen auf, fon denen einer wi am efel auf dem rükken,
der andre aber an der brust und am bauh [unten am
zebra] zu fen ist. Denkt man fih di streifen am zebra
fon einer feite gezeihnet, fo bekomt man eine leiter mit
einer menge sprossen zu fen, und wurde dan mit der
streifung des efels und zebras angedeutet, das fom kreuz
des efels auf eine leiter zu kommen ist. Am qagga löst
fih der streifen, der über den rükken des efels läuft, niht
wi am zebra in zwei streifen auf, fondern wirt nur ein
streifen wi am efel auf dem rükken des qaggas gefen,
doh wirt di auflöfung in merere dadurh angedeutet, das
der streifen auf dem rükken des qaggas in der mitte an-
ders als an feinen feiten oder rändern gefärbt ist. Denkt
man fih di streifen des qaggas, fon oben gefen gezeihnet,
fo ersheinen fi wi di zeihnung einer menge kreuze, di fo
über einander gelegt find, das di längern stäbe aller in einen
graden strih zu ligen kommen, di kürzern aber aus einander
sten, wodurh dan wider eine leiter zu fen ist, doh niht
mit zwei sprossen-haltern wi am zebra, fondern nur mit
einem sprossen-halter. Das zebra und das qagga werden
im füdlihen Afrika gefunden; es find fer unbändige tire
und lassen fih niht wi der efel und das ros zämen und als
last und joh-tire gebrauhen. Es ist dabei zu bemerken,
das di fon den tiren einer gattung, di zu joh-tiren gebrauht

werden und alfo wirklih johe tragen, das ros und der efel,
es im bilde niht zeigen, wärend di andern, di niht zu joh-
tiren brauhbar find, im bilde joh-bänder zeigen, das qagga
und zebra. Damit wurde aber angedeutet, das, wo das
bild fon etwas zu fen ist, das wirklihe niht gefen wirt.
Dan alfo auh am efel durh das bild oder di zeihnung des
kreuzes auf feinen shultern, niht das wirklihe, und wirt
das wirklihe an Xs̄ am kreuz gefen. — Wenn aber das
kreuz des efels, Xs̄ kreuz bedeuten folte, das grau des
efels das grau und dunkel, in dem Xs̄ am kreuz gefen
werden folte, di beshlagnen hufe des efels, Xs̄ beshlagne
hände und füse, fo ist offenbar, das es forher gefen war,
das Xs̄ am kreuze, und wi er am kreuze sterben folte und
wurde dan am ende alles fo geshaffen, das darin das kom-
mende angedeutet wurde.] — Js̄ ging in den tempel (got- 12
tes) und fertrib alle ferkäufer und käufer im tempel, stis
di tishe der wexler und di stüle der tauben-krämer um,
und sprah zu inen: Es ist geshriben: Mein haus wirt ein 13
bet-haus heisen, ir aber maht es zu einer mörder-grube. —
Im tempel kamen blinde und lame zu im, er heilte fi. 14
[Wi gesha es aber, das Js̄ gleih alle krämer und wexler
im tempel aus dem tempel fertreiben konte? — Im lauten-
spil der sprahe wirt [durh das im laute ferwante fon fonne
und fon] darauf angespilt, das di fonne den fon [gottes]
bedeutet oder ein gleihnis ist, und ist dan der himmel der
tempel. Es wirt aber, wenn nebel auf der erde ligt, und
di fonne fih am morgen zu zeigen anfängt, der nebel fon
der erde fertriben, was am ende nur ein bild fom fertrei-
ben der krämer und wexler aus dem tempel gottes [im
bilde, der erde gottes] ist. Wi di fonne dan nur dadurh,
das fi fih zu zeigen anfängt, den nebel fon der erde fer-
treibt, one fihtbar den nebel zu berüren, fo fertrib am
ende auh Js̄ nur dadurh, das er fih zu zeigen anfing, ganz
one jemanden fihtbar zu berüren, alle krämer und wexler
aus dem tempel. Das fertreiben der wexler und krämer
aus dem tempel durh Js̄, als er fih zu zeigen anfing, ist
übrigens nur, wi das fertreiben des nebels fon der erde,
wenn di fonne fih am morgen zu zeigen anfängt, ein bild
oder gleihnis, und wirt das wirklihe an Xs̄ am kreuz im
ferborgnen gefen. Der nebel ist di nebel-gestalt oder di
dunkle gestalt des gekreuzigten, welhe fon der im ferborg-
nen aufgehenden fonne des geistes fertriben wirt, worauf
di neue erde [in Xs̄] gefen werden wirt. Das fertreiben
der krämer und wexler aus dem tempel ist ein bild, wi es

am ende der welt gen wirt, wenn ſih der ſon gottes [im
bilde di ſonne gottes] zeigen wirt und wi dan alle krämer
und wexler fon der erde gottes ferſhwinden werden. Wenn
di neue ſonne [der ſon gottes] ſih zeigen und dan das
dunkel [di finsternis der welt] fertriben werden wirt, ſo
werden alle tire der naht, alle naht-tire und naht-fögel ſih
in ire löñer, in hölen [in di hölle] ferkriñen und in iren
löñern ewig bleiben, da di neue ſonne niht mer untergen
wirt. Wunderbar wirt di neue erde und der neue himmel
aus dem dunkel und nebel, worin jezt alles [in Xſ] ligt,
am ende zum forſhein kommen wi wenn auf der erde ne-
bel ligt und es dunkel ist und durh di aufgehende ſonne
am morgen der nebel fertriben wirt, das dunkel ferſhwin-
det, und di erde geſen wirt. — Wir ferhalten uns, wenn
es dunkel und naht ist, wi blinde, denn wir ſen nihts, weil
uns das liht [der ſonne] felt, und di blinden ſen nihts,
weil inen das liht [der augen] felt; wenn aber di ſonne
am morgen aufget, und wir dan alles ſen, ſo ferhalten wir
uns wi blinde, di durh das liht der ſonne ſehend werden.
Da aber di ſonne den ſon [gottes] bedeutet, ſo musten,
wenn Jſ der ſon gottes war, di blinden im tempel ſehend
werden, oder muste das dunkel an inen ferſhwinden, da
di ſonne [Xſ] im tempel [im bilde, auf der erde] aufging.
Alle ſen, das, wenn di ſonne aufget, das dunkel und di
naht der erde ferſhwindet, und das alle, di forher [im fer-
hältnis, in der rehnung] blind waren, ſehend werden, alſo
di blinden im tempel, durh den aufgang des ſones ſon got,
ſehend werden musten, und dan auh alle kranken ge-
ſund werden musten, weil ſih blinde wi kranke ferhal-
ten, aber ſi begreifen es niht und ſen es niht, und wenn
ſi es ſen [wi di Juden im tempel], ſo ſen ſi es doh niht,
da das ſehend-werden der blinden durh Jſ im tempel nur
ein bild ist, und das wirkliñe im ferborgnen geſen wirt,
wenn Xſ im ferborgnen im menſhen aufget, was ſi mit
iren augen niht ſen.] — Da di hoh-geiſtliñen und ſhrift- 15
gelerten ſan, welñe wunder er tat, und di kinder im tem-
pel ſhrein: Hoſianna, dem ſone Dawids, wurden ſi entrüs-
tet, und ſprañen zu im: Hörst du auh, was ſi ſagen? — 16
Jſ ſpriht zu inen: Ja, laſet ir niht das: Aus dem munde
der unmündigen und ſäuglinge rihtetest du lob zu? — [Di
kinder, di kleinen im tempel ſhrin: Hoſianna, dem ſone
Dawids, aber niht di grosen, di ſhwigen. Ein bild, mit
dem bedeutet wirt, das niht di bei den menſhen grosen,
untſr inen for allen niht di grosen geiſtliñen, ſondern di

kleinen, di kinder, Xs rümen, und find dan di kinder im
tempel di kinder gottes, di got in Xs rümen. Di bei den
menshen grosen, unter inen wider for allen di grosen
geistlifen, glauben, das, wenn Xs, der Messias, nur käme,
fi und niht kinder und unmündige [in irem fin] in erken-
nen würden, weil fi und niht kinder und unmündige fom
gefez etwas wissen, alein am ende find es di [in irem fin]
unmündigen, di Xs, den Messias, erkennen, wärend fi, di
mündigen, Xs, den Messias, niht erkennen, wodurh es denn
war würde: Di nihts fom gefez wissen, [nihts fom gefez
im buh-staben wissen], di erkennen in, und di das gefez
wissen [zu wissen glauben], di erkennen in niht.] — Er 17
lis fi und ging zur stat hinaus nah Betanien und blib dort.
Als er am morgen darauf in di stat ging, hungerte in; er 18
fa einen feigen-baum am wege, ging hinzu, fand aber nihts 19
an im als nur blätter und spriht: Nun trage auh in ewig-
keit niht mer. Der feigen-baum ferdorte auf der stelle.
[Warum ferurteilte aber Js gleih den feigen-baum, da der
baum doh noh tragen, oder ein andres mal an im etwas
gefunden werden konte? Alle, di fo fragen, bemerken
niht, das fi es nur immer ganz ebenfo mafen. Wenn alle
fon einem fagen, fi hätten an im nihts gefunden, oder es
wäre nihts an im dran, hätten in dan niht alle ferurteilt?
Fragen fi darnah, ob an im niht ein andres mal etwas
gefunden werden könte? Nein. Go fragte denn auh Js
niht darnah. Es war alfo der feigen-baum, an dem Js
nihts fand, ferurteilt, weil Js nihts an im fand wi alle
einen ferurteilt haben, an dem fi nihts finden, weil fi
nihts an im finden. Di ferurteilung des feigen-baumes, an
dem Js nihts fand, ist übrigens nur wi di ferurteilung
eines, an dem alle nihts finden, ein bild, und werden hir-
nah alle, zu denen Xs komt und an denen er nihts fin-
det, ferurteilt fein und werden. Zu bemerken ist beim
feigen-baum, zu dem Js ging und an dem er nihts fand,
das Js eben nah Jerufalem ging, daher der feigen-baum
ein gleihnis ist, mit dem Jerufalem bedeutet wirt, wohin
Js ging, an dem er nihts fand und das damit ferurteilt
war und untergen [ausgen] muste.] — Als di lerlinge es 20
fan, wunderten fi fih und fagten: Wi ferdorte der feigen-
baum fo shnel? Js antwortete inen: Warlih ih fage euh: 21
Wenn ir glauben hättet und niht zweifeltet, fo mahtet ir
niht nur das mit dem feigen-baume, fondern auh, wenn ir
zu difem berge fagtet: Hebe dih und wirf dih in den fe,
fo wirt es geshen. Alles, was ir im gebet ferlangtet, wer- 22

det ir erhalten, wenn ir nur glaubtet. [Der mensh wirt
alles erhalten, wenn er nur glaubt, nämlih, wenn er nur
reht und fernümftig glaubt und niht unreht glaubt, denn
das unrehte oder blinde glauben ist kein glauben, und
wirt hirdurh nimand etwas erhalten. Der rehte glaube ist
niht blind, fondern fehend, oder nur im bilde blind und
niht wirklih, weil wir, wenn wir Xš wirklih zu erkennen
anfangen und alfo zu fen anfangen, dafür blind werden,
wofür alle nur augen haben, dabei aber im ferborguen
oder wirklih bei got, fehend werden.] — Als er in den 23
tempel kam, traten zu im, als er lerte, di hoh-geistlihen
und älsten des folkes und fagten: Mit welher maht [mit
welher erlaubnis] tust du das, und wer gab dir di maht
[di erlaubnis] dazu? Jš antwortete inen: Ih wil euh auh 24
um etwas fragen; wenn ir mir das fagtet, fo wil ih euh
auh fagen, mit welher maht [mit welher erlaubnis] ih das
tue. Woher war Johannes taufe? Fom himmel oder fon 25
menshen? Da dahten fi bei fih: Gagten wir, fom himmel,
fo wirt er zu uns fagen: Warum glaubtet ir im denn niht?
Gagten wir aber, fon menshen, fo müssen wir den haufen 26
fürhten, denn fi halten alle Johannes für einen profeten.
Gi antworteten Jš: Wir wissen es niht. Da sprah Jš zu 27
inen: Go fage ih euh auh niht, mit welher maht [mit wel-
her erlaubnis] ih das tue [was ih tue.] Was dünkt euh 28
aber? Ein mensh hatte zwei föne; er ging zum ersten und
sprah: Mein kind, ge und arbeite heute in meinem wein-
berge. Er antwortete: Ih wil niht. Darauf reute es in 29
aber und er ging hin. Er ging zum andern und sprah 30
dasfelbe. Der antwortete: Her, ja, und ging niht hin. Wer 31
fon den beiden tat des faters willen? Gi fagen zu im:
Der erste. Jš fagt zu inen: Warlih ih fage euh: Zölner
und huren kommen eher ins himmel-reih als ir. Johannes 32
kam zu euh und lerte euh den rehten weg und ir glaubtet
im niht, aber zölner und huren glaubten im, und obwol
ir es fat, tatet ir dennoh niht buse, damit ir im dan auh
geglaubt hättet. [Di hoh-geistlihen und älsten glaubten
Johannes niht, aber huren und zölner glaubten im, und fo
wirt es bis zum ende der welt fein, denn di zölner und
huren, di Johannes glaubten und di hoh-geistlihen und
älsten, di im niht glaubten, find ein bild, mit dem ange-
deutet wurde, das huren und zölner am ende eher an Xš
glauben werden als di hoh-geistlihen und älsten und
shrift-gelerten, di fom haufen dafür gehalten werden, oder
es nah dem buh-staben des gefezes find, wärend fi im

grunde nur mörder des gerehten in Xš immer waren, find
und fein werden.] — Hört ein andres gleihnis. Es war ein 33
haus-her, der legte einen wein-berg an, mahte einen zaun
herum, grub eine kelter aus, baute eine warte, und fergab
in an winzer und zog über land. Als di zeit der lefe kam, 34
fante er feine knehte zu den winzern, di lefe zu emfang-
en. Di winzer namen feine knehte, einen stäupten fi, den 35
andern töteten fi, den dritten steinigten fi. Er fante wider 36
andre knehte, mer als zuerst, aber fi mahten es mit inen
ebenfo. Darauf fante er feinen fon zu inen und fagte: An 37
meinen fon werden fi fih shon keren. Als aber di winzer 38
den fon fan, sprahen fi zu einander: Das ist der erbe;
komt, wir wollen in töten und fein erb-gut an uns bring-
en. Gi namen in, stisen in zum wein-berge hinaus und 39
brahten in um. Wenn nun des wein-berges her kommen 40
würde, was wirt er mit den winzern tun? Gi sprahen zu 41
im: Er wirt di böfe-wihter übel umbringen, und feinen
wein-berg an andre winzer fergeben, di im di lefe zur reh-
ten zeit abgeben werden. Jš spriht zu inen: Lafet ir ni in 42
den shriften: Der stein, den di bau-leute ferwarfen, der
wurde zum ek-stein? Es gesha am hern, und ist zum fer-
wundern for unfren augen. Daher fage ih euh: Das reih 43
gottes wirt fon euh genommen, und den heiden gegeben
werden, di darin tragen. Wer auf difen stein fält, der wirt 44
zershellen; auf wen er aber file, den wirt er zermalmen.
— Als di hoh-geistlihen und farifäer feine gleihnisse hör- 45
ten, merkten fi, das er fon inen redet. Gi fuhten in zu 46
greifen, fürhteten fih aber for dem haufen, da fi in für
einen profeten hilten.

22. Jš redete abermals zu inen in gleihnissen und 1
fagte: Das himmel-reih wurde gleih einem könige, der fei- 2
nem fone hohzeit mahte. Er shikte feine knehte aus, di 3
gäste zur hohzeit zu rufen; fi wolten aber niht kommen.
Abermals shikte er andre knehte aus und sprah: Gagt den 4
gästen: Get, meine malzeit habe ih bereitet, meine oxen
und das mast-fi ist geshlahtet, alles bereit, komt zur hoh-
zeit. Aber fi ferahteten es und gingen, einer auf feinen 5
akker, der andre zu feinem handel; di übrigen griffen 6
feine knehte, ferhönten und töteten fi. Der könig hörte es 7
und wurde zornig; er shikte feine here aus, brahte di
mörder um und zündete ire stat an. Da fagt er zu feinen 8
knehten: Di hohzeit ist zwar bereitet, aber di gäste waren
es niht wert; get daher auf di wege und ladet zur hohzeit, 9
wen ir fändet. Di knehte gingen auf di wege und brahten 10

zufammen, wen fi fanden, shlehte und gute; di tishe wur-
den alle fol. Der könig ging hinein, di gäste zu befen und 11
fa da einen menshen, der kein hohzeitlihes kleid an hatte.
Er fagt zu im: Freund, wi kamst du herein, und hast kein 12
hohzeitlihes kleid an? Er ferstumte. Da sprah der könig 13
zu feinen dinern: Bindet im hände und füse und werft in
in di äuserste finsternis hinaus, da wirt das weinen und
das klappern der zäne fein. File find berufen, aber we- 14
nige erwält. [Alle find zum himmel berufen, aber nur fer
wenige am ende erwält. Unter filen hundert-taufenden
denkt kaum einer daran ein hohzeitlihes kleid [im fer-
borgnen] anzuzin, fondern wollen alle nur shmuzig hinein,
aber wi es inen dan ergen wirt, das wirt im bilde ange-
deutet, wenn jemand, der kein hohzeitlihes kleid an hat,
aus dem hohzeits-haufe gewifen wirt.] — Di farifäer gingen 15
und hilten rat, wi fi in [in feiner rede] fingen. Gi fanten 16
ire lerlinge mit leuten fon Herodes zu im und fagten: Le-
rer, wir wissen, das du warhaftig bist, gottes weg reht
lerst und nah nimandem fragst, denn du ahtest niht das
anfen [di larwe] des menshen [du urteilst niht wi alle.]
Gage uns daher, was dünkt dih? Ist es auh reht, dem 17
kaifer abgaben zu geben oder niht? Jš merkte ire shalk- 18
heit und fagte: Ir heuhler, was ferfuht ir mih? Weifet 19
mir den zal-pfennig auf. Gi reihten im einen taler. Er 20
spriht zu inen: Wes ist das bild und di übershrift? Gi 21
sprahen zu im: Des kaifers. Da spriht er zu inen: Go
gebt dem kaifer, was des kaifers ist, und got, was gottes
ist. Da fi das hörten, ferwunderten fi fih, lisen in und 22
gingen dafon. [Gi glaubten, Jš würde zu inen fagen: Man
müste dem kaifer, der ein heide ist, nihts geben, und wol-
ten in dan ferklagen.] An demfelben tage traten di fad- 23
duzäer zu im — di meinen, das es keine auferstehung
gibt — fi fragten: Lerer, Mofes fagte: Wenn einer stürbe 24
und niht kinder hätte, fo wirt fein bruder fein weib freien
und feinem bruder famen erwekken. Nun waren bei uns 25
fiben brüder; der erste freite und starb; da er niht famen
hatte, lis er fein weib feinem bruder. Ebenfo der zweite 26
und dritte, bis zum fibenten; zulezt nah allen starb auh 27
das weib. Nun in der auferstehung, wes weib wirt fi un- 28
ter den fiben fein? Gi hatten fi ja alle. Jš antwortete 29
inen: Ir irt und wist nihts fon der shrift, auh nihts fon
der kraft gottes. In der auferstehung werden fi weder 30
freien, noh fih freien lassen, fondern find wi di boten got-
tes im himmel. [Gi ferhalten fih wi di toten, di mit Xš

im ferborgnen auferstanden find. Joh. 11, 24. 25. Wer
mit Xš im ferborgnen auferstanden ist, mus mit Xš ge-
storben fein, wer aber gestorben ist, der freit niht mer.]
Lafet ir niht fon der toten auferstehung, was euh fon got 31
gefagt wurde: Ih bin der got Abrahams, der got Ifaks und 32
der got Jakobs? Der got ist niht got der toten, fondern
der lebendigen. Da di haufen das hörten, enzezten fi fih 33
über feine belerung; di farifäer aber, da fi hörten, das er 34
di fadduzäer zum shweigen brahte, fo ferfammelten fi fih,
und fragte in einer fon inen, ein gefez-kundiger, um in zu 35
ferfuhen: Lerer, welhes gebot ist im gefez das gröste? Jš 36
sprah zu im: Du wirst got, deinen hern, liben, fon ganzem 37
herzen, fon ganzer fele und mit al deinem denken. Dis 38
ist das erste und gröste gebot. Ein andres ist dem gleih: 39
Du wirst deinen nähsten liben wi dih felbst. In difen 40
beiden geboten hängt das ganze gefez und di profeten. [Es
wirt alfo durh di erfüllung difer gebote alles in Mofes
gefez gebotne erfült, woraus dan folgte, das alle übrigen
gebote, [wi z. b., das essen des fleishes fon, nah dem ge-
feze, reinen tiren], di nah dem buh-staben des gefezes ge-
halten werden müsten, niht dazu gehörten, um das gefez
zu erfüllen.] — Da di farifäer zufammen gekommen waren, 41
fragte Jš fi: Was haltet ir fon Xš? Wes fon ist er? Gi 42
sprahen zu im: Dawids. Er spriht zu inen: Wi nent Da- 43
wid in denn im geiste einen hern, da er fagt: Der her 44
sprah zu meinem hern: Geze dih zu meiner rehten, bis ih
deine feinde zum shemel deiner füse legte? Wenn Dawid 45
in einen hern nent, wi ist er dan fein fon? Nimand 46
konte im darauf etwas antworten und wagte nimand, fon
der zeit an, in um etwas zu fragen. [Gi hätten zu antwor-
ten gehabt: Xš müste nah dem äusern ein fon Dawids fein
[wi es fon Mattäus 1, 1 ausgefürt wirt], doh könte er es
im grunde oder wirklih niht fein [Matt. 1, 18], und wäre
Dawid nur ein bild fon Xš, mit dem angedeutet wurde,
was an Xš zu fen fein folte, und wäre Xš for Dawid da
gewefen, weil das wirklihe for dem bilde da ist.]

    23. Da redete Jš zu den haufen und den lerlingen 1
und fagte: Di shrift-gelerten und farifäer fizen auf Mofes 2
stul; alles, was fi euh fagten zu halten, das haltet und 3
tut, aber nah iren werken rihtet euh niht; denn fi fagen
es [was zu tun ist], aber fi tun es niht. [Im worte oder
nah dem buh-staben find fi gereht, aber im grunde nur
ungereht.] Gi binden shwere, unerträglihe bürden und 4
legen fi den menshen auf di shultern; aber fi wollen fi

niht mit einem finger anrüren. Alle ire werke tun ſi, um 5
ſon den menshen geſen zu werden; ſi maħen ſih grose
geistliħe abzeiħen und grose ſäume an iren langen gewän-
dern; ſi ſizen bei tishe gerne oben, und in den ferſamlung- 6
en auf den ersten stülen, und haben es gerne, auf den 7
gassen gegrüst, und ſon den menshen rabbi genant zu wer-
den. Werdet niht rabbi genant, denn Einer ist euer lerer, 8
Xš, ir aber ſeit alle brüder. [Unter den menshen ſind alle
gleih und ist keiner mer als der andre, wenn niht aufs
äusre, ſondern nur ins ferborgne geſen wirt.] Nent niht 9
ſater euren [ſater] auf erden, denn Einer ist euer ſater,
der im himmel. [Es ist der irdishe ſater ein bild des
himlishen ſaters, und daher im grunde oder wirklih kein
ſater zu nennen.] Werdet niht lerer genant, denn Einer 10
ist euer lerer, Xš. Der gröste unter euh wirt euer diner 11
ſein; denn, wer ſih ſelbst erhön wirt, der wirt ernidrigt 12
werden, und wer ſih ſelbst ernidrigt, der wirt erhöt wer-
den. [Wer bei den menshen eine hohe stellung einnemen
wil, der ist es, der ſih erhön wil, aber er ernidrigt ſih bei
got und wirt am ende nidrig und ernidrigt geſen werden;
wer ſih aber bei den menshen, um Xš willen oder um des
gerehten willen, ernidrigt, erhöt ſih bei got und wirt erhöt
werden.] — Wehe euh, ir shrift-gelerten und fariſäer, ir 13
heuhler, di ir das himmel-reih for den menshen zushlist;
ir komt niht hinein und di hinein wollen, di last ir niht
hinein. [Durh das, was di shrift-gelerten und fariſäer le-
ren, durh ire auffassung des geſezes im buh-staben, fer-
shlisen ſi ſih und andern das himmel-reih.] (Wehe euh, 14
ir shrift-gelerten und fariſäer, ir heuhler, di ir der witwen
häuſer aufzert und ſiles beten forwendet, darum werdet ir
nur um desto mer ferurteilt werden.) Wehe euh, ir shrift- 15
gelerten und fariſäer, ir heuhler, di ir land und wasser
umzit, um einen zu bekeren [einen Juden-genossen zu ma-
ħen], und wenn es geshähe, ſo maht ir aus im ein kind der
hölle, zwei mal mer als ir es ſeit. Wehe euh, ir ferblen- 16
deten leiter, di ir spreht: Wer beim tempel shwüre, das
ist nihts; wer aber beim golde am tempel shwüre, der ist
shuldig. Ir narren und blinden! Was ist mer, das gold 17
oder der tempel, welħer das gold heiligt? [Di ir spreht]: 18
Wer beim altare shwüre, das ist nihts; wer aber beim
opfer darauf shwüre, der ist shuldig. Ir narren und blin- 19
den! Was ist mer, das opfer oder der altar, der das opfer
heiligt? Wer beim altare shwört, der shwört bei demſel- 20
ben und bei allem, was darauf ist; wer beim tempel 21

shwört, der shwört bei demſelben und bei dem, der darin
wont; und wer beim himmel shwört, der shwört beim 22
stule gottes und bei dem, der darauf ſizt. Wehe euh, ir 23
shrift-gelerten und fariſäer, ir heuhler, di ir ſon krauſe-
minze, dil und kümmel [dafon, was leiht ist], den zenten
gebt, aber das shwere im geſez unterlast, das geriht [das
gerehte geriht], di barmherzigkeit [bei got] und den glau-
ben [den waren glauben]. Dis [das shwere] ſoltet ir tun
und jenes [das leihte] niht unterlassen. [Ɵi ſolten das geſez
folenden und niht blos anfangen, niht nur anfänger, ſon-
dern auh folender des geſezes ſein.] Ir ferblendeten lei- 24
ter, di ir eine mükke durhſeit und ein kamel fershlukt.
[Im buh-staben gereht ſein wolt und im grunde nur unge-
reht ſeit.] Wehe euh, ir shrift-gelerten und fariſäer, ir 25
heuhler, di ir di shalen und shüsseln auswendig rein hal-
tet [euer äusres], inwendig ſind ſi aber [ſeit ir] foller raub
und unenthaltsamkeit. Du blinder fariſäer, reinige zuerst 26
das inwendige der shalen und shüsseln [an dir], damit auh
das auswendige rein würde. [Wenn der mensh das inre an
ſih reinigt, ſo wirt am ende auh ſein äusres rein ſein, da
das jezt zu ſehende äusre am ende fershwindet und das
inre als äusres geſen wirt.] — Wehe euh, ir shrift-gelerten 27
und fariſäer, ir heuhler, di ir den übertünhten gräbern
gleiht [gräber ſeit], di auswendig hübsh ersheinen, doh in-
wendig fol toten-beine und unflat ſind. Ɵo auh ir; ir sheint 28
ſon ausen from for den menshen, aber inwendig [im fer-
borgnen] ſeit ir fol heuĥelei und untugend. Wehe euh, 29
ir shrift-gelerten und fariſäer, ir heuhler, di ir der profe-
ten gräber baut, der gerehten gräber shmükt und spreht: 30
Wären wir zu unſrer fäter zeiten geweſen, wir wären am
blut der profeten niht shuldig geweſen. Ɵo gebt ir ſon 31
euh ſelbst ein zeugnis, das ir kinder derer ſeit, di di pro-
feten töteten. Erſült das mas eurer fäter. Ir shlangen, ir 32
nattern-gezühte, wi würdet ir dem gerihte der hölle ent- 33
rinnen? Darum ſet, ih ſende profeten, weiſe und shrift- 34
gelerte zu euh; ir werdet ſi töten und kreuzigen, in euren
ferſamlungen geiseln und ſon einer stat in di andre verfol-
gen, damit über euh alles gerehte blut käme, das auf der 35
erde fergossen ist, fon des gerehten Abels blut an, bis zu
Zaĥarias, Baraĥias ſones blut, den ir zwishen dem tempel
und altare umbrahtet. Warlih, ih ſage euh: Es wirt das 36
alles über dis geshleht kommen. — Jeruſalem, Jeruſalem, 37
du tötest di profeten, und steinigst di zu dir geſanten; wi
oft wolte ih deine kinder ferſammeln wi eine henne ire

kühlein unter ire flügel ferfammelt, und ir woltet niht.
Get, euer haus wirt euh wüste gelassen. Ih fage euh: Ir 38
fähet mih fon nun an niht, bis ir sprähet: Du gefegne- 39
ter, der im namen des hern komt. [Jš worte, fon 38—39,
erinnern an di im Matt. 24, 15: Di heilige stätte [Jerufa-
lem, der tempel gottes] wirt ferwüstet werden, und im
Luk. 21, 20—24: Jerufalem wirt fon den heiden zertreten
werden, bis der heiden zeit erfült wäre, und find feine
worte im grunde nur wider di worte der profeten und fon
Mofes, nah denen di kinder gottes [di Juden] wegen der
fünde des folkes, unter di heiden weggefürt werden, und
das joh der heiden tragen, alein, wenn fi fih wider zu got,
irem hern, bekerten und buse täten, fon den heiden wider
erlöst werden folten, und dan di zeit der heiden gekom-
men wäre. — Jerufalem wurde zerstört und wurden di Ju-
den unter alle fölker der erde zerstreut, und werden fi bis
auf den heutigen tag in einer fo auffallenden weife unter
andern [fremden] fölkern zerstreut gefunden, wi kein an-
dres folk unter andern [fremden] fölkern, und obshon fi
bedrükt werden, erhalten und fermeren fi fih, und ist
dabei etwas ganz änlifes zu bemerken, wi shon, als di Ju-
den in Ägypten zu Mofes zeit bedrükt wurden, und fih
gleihwol erhilten und stark fermerten. — Wenn di Juden
hoffen zu können glauben, das eine zeit noh kommen wirt,
in der fi wider das gelobte land einnemen werden, Röm.
11, 25, und Jerufalem wider ersten wirt, fo wirt am ende
weder das eine, noh andre in irem fin geshen, fondern
wirt alles immer fo bleiben wi es ist, das heist, di Juden
werden bis zum ende der welt unter den heiden zerstreut
fein, fon den heiden bedrükt werden, und wirt Jerufalem
bis zum ende der welt kümmerlih unter den heiden fort-
besten. — Wer das zu fehende Jerufalem für di wirklih
heilige stat hält, oder eine stat, di für heiliger anzufen ist
als irgend eine andre stat auf der erde, und durh eine
walfart dahin etwas [bei got] zu erreihen glaubt, der fer-
wexelt das bild mit dem wirklifen, und begreift das wirk-
lihe niht. Es find ja di Juden, di Juden heisen und un-
ter den fölkern [den heiden] zerstreut gefen werden, nur
ein bild und ist ebenfo das jezige Jerufalem nur ein bild,
das wirklife wirt im ferborgnen gefen an Xš am kreuze
und denen, di in Xš gefunden werden. Wirklih find das
niht Juden, di Juden heisen, fondern werden di wirklifen
Juden im ferborgnen gefen, Röm. 2, 28, und 9, 8. Go
werden dan fon Jš am ende auh nur di Juden gemeint,

di es im ferborgnen find, das heist, di im ferborgnen odcr
bei got gerehten, di unter den heiden zerstreut [im fer-
borgnen] gefen werden und fon den heiden bedrükt und
ferfolgt werden, und ist dan an Xš felbst zunähst zu den-
ken, der unter den heiden [Juden] ïerfolgt und gekreuzigt
wurde, weil das niht Juden find, di Juden genant wer-
den, fondern find es heiden, di blos Juden heisen, und niht
im ferborgnen oder wirklih bei got Juden find, dagegen
find di fon den Juden heiden genanten, di im ferborg-
nen aber [und niht im buh-staben wi di Juden, di Juden
heisen] das gefez erfüllen, im grunde Juden, und wirt in
inen wi in Xš am kreuze Jerufalem wirklih gefen und Xš
grab in Jerufalem, und auh di auferstehung. Jerufalems
zerstörung und wideraufbau wurde im bilde shon gezeigt,
als den Juden das joh fon den heiden aufgelegt wurde, und
fi [nah Babylon] weggefürt wurden, dan aber wider [aus
Babylon] nah Jerufalem zurükkerten; das wirklifhe wirt an
Xš gefen, das joh durh di heiden durh Xš kreuz und wirt
di erlöfung am ende der welt gefen werden, der wide3rauf-
bau des tempels durh Xš auferstehung. Aber das di Juden
wider nah [dem zu fehenden] Jerufalem zurükkeren folten
und Jerufalem wider in iren befiz kommen folte, ist niht
zu erwarten. Wenn di heiden dadurh, das Jerufalem in
irem befize ist, glauben, Jerufalem zu befizen, fo befizen
fi es [im bilde] wirklih aber niht, und begreifen niht, das
fi wirklih ferne, unendlih ferne fon Jerufalem [fon Xš]
find. Im Matt. 8, 12 und 21, 43 stet: Di kinder des reihs
werden ausgestosen werden [unter denen di Juden gemeint
werden] und wirt das reih den heiden gegeben werden;
dagegen im Matt. 13, 38: Di kinder des reihs find di gute
fat. Wenn di kinder des reihs di gute fat find, wi fol-
len fi dan ausgestosen werden? — Es werden aber zuerst
di kinder des reihs [di Juden] gemeint, di fo heisen, aber
es niht im ferborgnen oder wirklih find, und dan di kin-
der des reihs [di Juden] di es im ferborgnen oder wirk-
lih bei got find. Es find das erste mal di kinder des reihs
[di Juden] di kinder des reihs im namen, im buh-staben,
im worte oder bilde, das zweite mal aber wirklih oder im
ferborgnen. Es ferhält fih damit wi im Matt. 10, 39, mit
den worten: Wer fein leben um Xš willen ferlirt, der wirt
es finden. Wi kan man das leben finden, wenn man es
ferlirt? Doh wol, wenn nur das leben zuerst im äusern
oder im zu fehenden und dan im ferborgnen begriffen
wirt, am menshen alfo ein äusrer und ein inrer mensh, di

ſih wi zwillinge ferhalten, fon denen der ferborgne zwil-
ling das leben findet, wenn der zu ſehende es durh den
ferborgnen ferlirt, nah dem sprih-wort, des einen tod, des
andern brod; des einen tod, des andern leben. Wenn aber
das niht Juden ſind, di Juden heisen, oder diſe nur im
bilde [im äusern] Juden ſind, und di wirkliħen Juden im
ferborgnen geſen werden, ſo ſind diſe nah dem buh-staben
des geſezes [oder im bilde, im äusern] niht Juden, alſo
nah dem buh-staben des geſezes heiden, denn wer kein
Jude ist, der ist ein heide. Daher ſind unter den heiden,
denen das reih gegeben werden wirt, niht di heiden zu
fersten, di heiden heisen, ſondern am ende nur di, di im
ferborgnen und niht im äusern Juden ſind. Di heiden
ſind nah dem geſeze ferfluht und stet im 5 Moſ. 21, 22—
23: Ferfluht ist, wer am holze hängt. Xš hing aber am
holze und war Xš alſo ferfluht, Gal. 3, 13, und damit auh
gottes folk in Xš, und ferhilt ſih alſo Xš und gottes folk
in im wi di heiden, und ist Xš in der rehnung der heide,
der das reih erben wirt, in dem im ferborgnen der wirk-
liħe, der rehte Jude, zu ſen war, aber di heiden werden
niht das reih erben, oder alle, di im ferborgnen heiden
ſind und alle, di Juden heisen, aber im ferborgnen niht
Juden, ſondern heiden ſind. — Di heilige stätte, Jeruſalem,
wirt ferwüstet werden — ſet, das ist am ende wirklih an
Xš am kreuz geſen worden, dadurh, das di heiden in ans
kreuz shlugen. Di Juden werden, wenn ſi buse tun wer-
den, fon den heiden erlöst werden und wider in di heilige
stat kommen — ſet, das folk gottes tut buse in Xš am
kreuz, ist aufgestanden [auferstanden] und wider in di hei-
lige stat gekommen, das heist, in di stat gottes, in das
himlishe Jeruſalem, in den himmel. Der staub [der fluh]
der fon den heiden [der welt] auf gottes folk [auf Xš] ge-
kommen war, wurde abgeshüttelt und ist auf ſi [im bilde,
auf Judas] gekommen, und wirt an inen ewig bleiben, da
ſi im staube [im fluħe] bleiben und niht den staub [den
fluh] durh Xš los werden wolten. In der Shrift sheint
oft, durh das im worte gleiħe, ſih eins mit dem andern zu
widersprehen, was aber niht wirklih der fal ist, wenn man
nur den jedesmaligen ſin reht zu fersten anfängt, und
findet man dan, das di filen widersprühe, di in der
Shrift forzukommen sheinen, ſih am ende auf eine höhst
einfaħe weiſe auflöſen lassen, und ein zuſammenhang in
ir gefunden wirt wi in keiner andern shrift, woraus zu
shlisen ist, das ſi niht fon menshen herrüren kan.]

24. Jŝ ging aus dem tempel und feine lerlinge tra- 1
ten zu im, im des tempels gebäude zu zeigen. Jŝ sprah 2
zu inen: Ꙅet ir das alles niht? Warlih ih fage euh: Es
würde hir kein stein auf dem andern bleiben, der niht
zertrümmert werden wirt. Als er auf dem öl-berge fas 3
[fon wo Jerufalem zu fen war] traten di lerlinge für fih
zu im und sprañen: Ꙅage uns, wan wirt das geshen, und
was wirt das zeiñen deiner ankumft und der folendung der
welt fein? Jŝ sprah zu inen: Ꙅet zu, das euh nimand fer- 4
fürte. Es werden file unter meinem namen kommen und 5
[fon fih] fagen: Ih bin Xŝ und werden file ferfüren. [Jŝ
antwort auf di frage der lerlinge: Wan wirt das geshen
]das der tempel, das Jerufalem zerstört werden wirt]? —
Last euh niht ferfüren, sheint niht gehörig, alein es ist zu
bemerken, das Jŝ in einem gleihnis zu inen redete und
auh di zerstörung Jerufalems und des tempels, di nah Xŝ
tode statfand, fon der in der geshihte gesprοñen wirt, nur
ein gleihnis oder bild ist, und das wirkliñe im ferborgnen
gefen wirt, an Xŝ am kreuze, denn in im ist Jerufalem
und der tempel gottes wirklih zu begreifen und konte Jŝ
am ende auh nur das wirkliñe meinen und niht das bild
[oder das zu fehende, das di heiden für das wirkliñe hal-
ten]; di zerstörung und ferwüstung Jerufalems und des
tempels bedeutet dan, oder ist dan, di zerstörung und fer-
wüstung fon Xŝ und allen in im. Ꙅo begreift man, wi Jŝ
fagen konte: Last euh niht ferfüren, weil es ja in den lei-
den durh und in Xŝ darauf ankomt, das der mensh in Xŝ
bis zum ende des lebens aushält und fih niht ferfüren läst.
Jŝ grif alfo aus dem gleihnis das im gleihnis am ende nur
gemeinte oder das, worauf durh dasfelbe zu kommen ist,
wodurh di antwort fon Jŝ ungehörig sheint, im grunde
aber es niht ist. Auf di frage der lerlinge: Wan wirt das
geshen? gehörte aber keine antwort, weil es auf di zeit
gar niht ankomt, und nimand di stunde feines todes kent
oder di ankumft fon Xŝ, fondern dis nur got alein weis.
Di lerlinge begriffen Jŝ eben noh niht, daher fragten fi
nah der zeit, oder wolten, das Jŝ inen di zeit angeben
folte, denn fonst hätten fi darnah niht gefragt.] — Ir wer- 6
det fon krigen und krigs-gerühten hören, fet zu, ershrekt
niht, denn es mus alles geshen, aber es ist noh niht das
ende da. Ein folk wirt gegen das andre aufsten, ein reih 7
gegen das andre. [Ein bild, in dem di kinder der welt
und di kinder gottes gemeint werden, di im ferborgnen mit
einander ringen werden.] An allen orten werden ershüt-

rungen, hunger und not [und feufen] fein. Alles dis ist 8
der wehen anfang. Dan werden fi euh zur bedrükkung 9
übergeben und euh töten; ir werdet um meines namens
willen fon allen fölkern [allen menshen] gehast werden.
Dan werden fih file ärgern, einander ferraten und fih ge- 10
genfeitig hassen. [Di Juden, di Juden heisen, aber wirk-
lih, bei got, keine Juden find, werden di Juden hassen, di
Juden im ferborgnen find, wi di Juden, di Juden hisen,
den Juden, der wirklih, bei got, ein Jude war, Xš, hasten;
es hassen aber auh di Juden, di Juden bei got find, di
Juden, di Juden heisen, doh in götlifer weife, oder mit
einem has, der bei den menshen has genant wirt, aber
wirklih oder bei got kein has ist. Matt. 11, 6.] — File 11
lügen-profeten werden aufsten und file ferfüren. Da di 12
ungerehtigkeit zunemen [fol werden] wirt, fo wirt di libe
[di erste libe] in filen erkalten. Wer bis ans ende [feines 13
lebens] aushält, der wirt errettet werden. Di botshaft fom 14
reih [gottes] wirt allen fölkern auf dem ganzen erd-boden
zum zeugnis ferkündigt werden und dan wirt das ende
kommen. Wenn ir das absheulife der ferwüstung, dafon 15
durh den profeten Daniel geredet wurde, an der heiligen
stätte fähet — der lefer begreife es — dan flihe auf di 16
berge, wer im Jüdishen lande ist; wer auf dem dah ist, 17
steige niht hinunter, etwas aus feinem haufe zu nemen;
wer auf dem felde ist, kere niht um, feine kleider zu ne- 18
men. Wehe zu der zeit den im mutter-leibe tragenden 19
und den fäugenden. Betet, damit eure fluht niht im win- 20
ter geshähe oder am fabbat. Dan wirt eine grose trübsal 21
fein wi fi niht fon anfang der welt bis jezt war und auh
niht mer fein wirt. Wenn dife zeit niht ferkürzt würde, 22
fo würde nimand errettet, aber di zeit wurde um der aus-
erwälten willen ferkürzt. Wenn dan jemand zu euh fagen 23
würde: Get, hir ist Xš oder da, fo glaubt es niht. Es 24
werden lügen-Xristen und lügen-profeten aufsten und grose
zeifen und wunder tun, damit, wo möglih, auh di auser-
wälten ferfürt würden. Get, ih habe es euh zufor gefagt. 25
Daher, wenn fi zu euh fagten: Get, er ist in der wüste, fo 26
get niht hinaus; [oder fagten] fet, er ist in den ablege-
räumen, fo glaubt es niht. Wi der bliz fom aufgang aus- 27
get und bis zum nidergang [auf ein mal] sheint, fo wirt
des menshen fones ankumft fein. Wo das as wäre, da 28
werden fih di adler fammeln. [Das alles dis ein gleihnis
ist, ferstet fih und ist dan das absheulife der ferwüstung
an der heiligen stätte [Jerufalem und dem tempel gottes]

am ende wirklih an Xs am kreuze zu fen, und wurde fi
im bilde durh di zerstörung Jerufalems und des tempels
gefen. Di blos buh-stäbliñe auffassung fon Js worten hise
nur alles im bilde begreifen, aber niht das wirkliñe, das
im bilde angedeutet wurde. — Wer im Jüdishen lande ist,
flihe auf di berge [wenn Jerufalem und der tempel fon
den heiden zerstört werden.] Wer es im zu fehenden tat,
als Jerufalem zerstört wurde, tat es im bilde, aber wirklih
niht, denn es wirt damit bedeutet, das di bedrängten und
bedrükten kinder gottes aus der welt [im bilde, das Jü-
dishe land] in den himmel [im bilde, auf di berge] flin
follen, und wurde Xs fluht auf di berge, an Xs am kreuze
dadurh angedeutet, das Xs auf einer anhöhe starb und auf
der stufe einer leiter [der himmels-leiter] stand. — Wer
auf dem dah ist, steige niht hinunter. Das heist am ende:
Wer im ferborgnen oben [im himmel] ist, steige niht wider
hinab zum irdishen, fondern bleibe oben [im himmel], um
niht [durh di heiden und di ferfuñung der welt] umzu-
kommen. — Wer auf dem felde ist, fehe fih niht um,
nämlih darnah, was er shon aufgab oder ferlis [nah dem
glük des fergängliñen lebens] fondern blikke unferwant
zum himmel hinauf und fuñe den himmel im laufe zu er-
reiñen, weil er fih nur fo erhalten könte. — Di im mut-
ter-leibe tragenden find alle in Xs, di im ferborgnen got-
tes kinder tragen und mit filen shmerzen auf dem geburts-
stule, durh den Xs kreuz angedeutet wurde, fom himmel
mit dem himmel niderkommen. — Betet, damit eure fluht
niht im winter geshähe oder am fabbat, — weil nämlih
im winter kein korn auf den feldern zu shneiden ist, und
am fabbat fon nimandem geholfen werden kan, da am
fabbat alles rut. Es ist ein bild, mit dem angedeutet wirt,
das es jezt fommer ist, jezt auf den feldern korn zu shnei-
den ist, um das leben zu erhalten, das heist, das wir jezt
das korn des lebens haben und nur zu shneiden brauñen,
um das leben [im ferborgnen] zu erhalten, später aber
niht mer, dan ist es winter [im bilde] und kan dan auh
nimandem mer geholfen werden, weil es dan fabbat ist,
di ruhe gottes fon feiner arbeit [im bilde]. — Wo das as
wäre, da fammeln fih di adler, ein bild, mit dem das tote
in der welt [im ferborgnen] angedeutet wirt, um das fih
di adler [di boten gottes] fammeln, und di erde gottes fom
toten reinigen werden. Dife boten find jezt niht zu fen,
aber fi werden am himmel auf ein mal ersheinen und aufs
as der welt stürzen und di erde fom afe reinigen, was

dadurh angedeutet wirt, das, wenn ein as in der wüste
ligt und auh di adler und geier niht gleih und nirgends
am himmel zu fen find, fo doh bald hoh am himmel fiht-
bar werden, hinab aufs as stürzen und ir mal halten.] —
Bald nah der trübsal der zeit wirt di fonne ferdunkelt 29
werden, der mond wirt niht sheinen, di sterne werden fom
himmel fallen und di kräfte der himmel werden ershüttert
werden. [Oho, werden di klugen fagen, di sterne werden
auf di erde fallen; nun, das wissen wir denn doh besser.
Gi bemerken aber nur niht, das alles, was Jš fagt, als
gleihnis oder bild zu begreifen ist, und das dan [im bilde]
ja fast shon in jeder naht sterne aus dem himmel fallen,
di auh stern-shnuppen genant werden. Im bilde find es
sterne, wirklih niht, fondern wirklih steine, di aus dem
himmel fallen, im fallen zur erde leuhten und wi sterne
ausfen. Wenn eine grose menge difer sterne auf di erde
file, fo könte di erde dadurh wi aus dem himmel und fom
himmel gesteinigt werden und das dis am ende geshen
wirt, ist nah allem zu glauben. Wir erwarten einen neuen
himmel und eine neue erde und mus dan der jezige him-
mel aus dem himmel fershwinden, was fih fo ferhält, wi
wenn der himmel aus dem himmel file, und werden dan
in der rehnung am ende alle sterne aus dem himmel fal-
len wi der eitle mensh im himmel am ende aus feinem
himmel fallen wirt. Es wirt das ganze jezige al, erde,
fonne, mond und sterne, zur bestimten zeit, auf einmal,
wi der traum eines erwahenden fershwinden und wirt dan
das wirklihe da fein, der neue himmel und di neue erde,
di wir erwarten, und in Xš im ferborgnen shon gefen wer-
den. Unfer jeziges leben ferhält fih wi ein traum [was
leiht zu beweifen ist] und ist alfo in der rehnung ein
traum. Da alles, was wir im traum fen und find, nur
traum und niht wirklih ist, fo ist dan auh alles, was wir
jezt fen, das ganze jezt fihtbare al, nur ein traum und niht
wirklih und wirt es fershwinden, fobald das wirklihe, das
den traum hat, den wir erde, fonne, mond und sterne nen-
nen, zum erwahen kommen wirt, am ende der welt. Wi
wir im traum das traum-leben für wirklih halten und erst
beim erwahen merken, das es ein traum war, oder wir
einen traum hatten, fo werden wir auh erst nah unfrem
leben [im augenblik unfres todes] merken, das wir einen
traum hatten, und wirt unfer jeziges leben, mit allem, was
wir jezt fen, difer traum gewefen fein. Um alles dis aber
reht zu begreifen, müssen wir dazu kommen, rihtig zu be-

greifen, da durh unrihtiges begreifen das niht wirklihe mit
dem wirklihen ferwexelt, und das niht wirklihe [ein traum]
für das wirklihe gehalten wirt; rihtig oder das wirklihe zu
begreifen, fangen wir aber erst durh X̄s an, das heist,
wenn wir um X̄s willen alles, was wir haben, hinzugeben
anfangen, alfo auh unfer leben, das uns libste, denn das
libste ist dem menshen fein leben. Dan wirt es uns fo
ergen, wi wenn wir im shlafe ligen und im traum-leben
[das wir für unfer leben halten] um alles kommen, was wir
haben, oder um alles durh di menshen gebraht werden,
nihts mer haben und umkommen, da wir alles ferloren,
aber auf ein mal [wi durh ein wunder] das leben, und
alles ferlorne, wider erhalten, da alles ein traum war und
wir nur im traum alles ferloren, aber wirklih im ferborg-
nen alles erhilten und dis in einem augenblik, in dem des
erwahens, offenbar wurde. Alle, di in difem leben ir
leben erhalten, und das leben zu erhalten glauben, wissen
niht, das fi im ferborgnen ums leben kommen, und das fi
ums leben gekommen find, werden fi im augenblik ires
todes [des erwahens] merken. Es sterben niht alle zu glei-
her zeit, fondern di einen früer, di andern später, und find
shon for jar-taufenden menshen auf der erde gewefen und
gestorben. Für alle geshit aber das erwahen am ende nur
in einem einzigen augenblik, da fih alle zeit als endlihe
zeit, alfo auh eine zeit fon filen jar-hundert-taufenden ge-
gen di unendlihe zeit oder di ewigkeit wi ein augenblik
ferhält. Das erwahen aller und fon allem, oder fom
ganzen al, in einem einzigen augenblik, begreifen wir
freilih weiter niht, aber es wirt im rehnen fo gefunden,
und mus es fo fein, weil wir wissen, das wir rihtig reh-
nen.] — Dan wirt des menshen fones zeihen im himmel 30
ersheinen, alle geshlehter der erde werden weklagen und
des menshen fon in den wolken des himmels kommen fen,
mit groser kraft und herlihkeit. Er wirt feine boten mit 31
einem lauten pofaunen-shal fenden und werden fi feine
auserwälten aus den fir winden fammeln, fon einem ende
des himmels bis zum andern. [Es ferstet fih, das dis alles
nur wider ein bild ist, mit dem das wirklihe angedeutet
wirt. Wi aber das wirklihe beshaffen fein wirt, werden
di am ende erst wissen, di es zu fen bekommen werden.]
— Lernt fom feigen-baum ein gleihnis. Wenn er neue 32
tribe bekäme und das laub ausshlüge, fo wist ir, das der
fommer na ist; fo auh, wenn ir das alles fähet, fo wist, 33
das es na for der tür ist. Warlih, ih fage euh: Dis ge- 34

shleht [di menshheit] ferginge niht, bis es alles geshähe; himmel und erde werden fergen [da alles zu fehende fer- 35 gänglih ist und am ende ferget und wi ein traum fershwindet], aber meine worte fergingen niht. [Auh di worte fergen, aber infofern niht, als fi erfült, alfo fol und niht ler, oder worte find, di etwas enthalten und fih dadurh erhalten und fih niht wi lere worte ferhalten.] — Fom tage 36 oder fon der stunde [in der himmel und erde fergen werden], weis nimand etwas, weder des himmels boten, noh der fon, fondern alein der fater. Wi es zu Noas zeit war, 37 fo wirt es auh bei des menshen fones ankumft fein. Wi 38 fi in den tagen for der flut waren — fi asen, tranken, freiten und lisen fih frein, bis an den tag, an dem Noa zur arñe einging, und merkten es niht, bis di flut kam 39 und alle hinweg nam — fo wirt es auh bei des menshen fones ankumft fein. Dan werden zwei auf dem felde fein, 40 einer wirt aufgenommen, der andre ferlassen. Es werden 41 auf der müle zwei malende [mägde] fein, eine wirt aufgenommen, di andre ferlassen. [Zwei gleihnisse, mit denen dasfelbe bedeutet wirt, nämlih, das am ende der welt einer, der gerehte, aufgenommen, der andre, der ungerehte, ferlassen wirt; das zwei arbeiten, aber nur einer fon den beiden aufgenommen wirt, der gerehte arbeiter, der im ferborgnen für got arbeitet wi Xs am kreuze, niht aber der arbeiter, der um des fergänglifien lebens willen arbeitet, der wirt ferlassen.] Waht daher; ir wist niht, zu welñer 42 zeit euer her komt; das wist ir, das ein haus-her, wenn 43 er wüste, in welñer wañe der dib komt, wañen, und niht in fein haus einbrefien lassen würde. Geit daher bereit; 44 des menshen fon komt zu einer stunde, wo ir es niht meint. Wer ist nun der treue und kluge kneht, den fein 45 her über fein gefinde fezte, damit er inen zur rehten zeit iren lon gäbe? Gelig ist der kneht, wenn fein her komt 46 und finden wirt, das er es fo mahte [wi im anbefolen war.] Warlih, ih fage euh: Er wirt in über alle feine güter fezen. 47 Wenn aber der arge kneht in feinem herzen sprefien würde: 48 Mein ḥer nimt fih zeit, und feine mitknehte zu shlagen 49 anfinge, äse und mit den trunknen tränke, fo wirt desfel- 50 ben knehtes her an einem tage kommen, wo er es niht erwartet, und zu einer stunde, in der er es niht meint, und wirt in zersheitern und im feinen lon mit den heuh- 51 lern geben; da wirt das weinen und das zäne-klappern fein. [Di trunknen oder beraushten find ein bild, mit dem alle bedeutet werden, di durh den genus des fergänglifien

lebens fih wi trunkne oder beraushte ferhalten und durh
den raush des lebens wi durh wein beraushte niht wissen,
was fi tun und reden. Wohin wir fen, alles ist in einer
zeugung begriffen. Das zu fehende ist aber ein bloses
bild, mit dem angedeutet wirt, was im ferborgnen wirklih
nah dem geiste geshit. Da in der zeugung eine beraushung
erfolgt, und alle im ferborgnen in einer zeugung begriffen
find, fo ist denn der raush difes lebens, zu dem alle kom-
men, der raush der zeugung. Wenn aber di zeugung, durh
di im grunde nihts oder nur das tote erzeugt wirt, einen
folhen raush herforbringt, wi gros wirt dan der raush fein,
der durh di zeugung herforgebraht werden wirt, in dem
im ferborgnen das leben erhalten wirt. In der zeugung
gibt es niht nur einen raush, fondern auh einen shmerz,
und wirt bei der zeugung, durh welhe im ferborgnen das
leben des geistes erhalten wirt, der shmerz zuerst und
dan der raush des lebens emfunden, dagegen bei der zeu-
gung, durh welhe im ferborgnen niht das leben des geistes
erhalten wirt, zuerst der raush und dan der shmerz.]

25. Dan wirt das himmel-reih mit zen jungfrauen 1
ferglihen werden, di ire leuhton namen und dem bräuti-
gam entgegen gingen. Fünf fon inen waren einfältig und 2
fünf klug. Di einfältigen namen ire leuhten, aber fi na- 3
men niht öl mit fih. Di klugen namen öl in iren gefäsen 4
mit iren leuhten. Da der bräutigam ferzog, wurden alle 5
shläfrig und shlifen ein; um mitternaht entstand ein ge- 6
shrei: Get, der bräutigam komt, get im entgegen. Da stan- 7
den alle jungfrauen auf und shmükten ire leuhten. Di ein- 8
fältigen sprahen zu den klugen: Gebt uns fon eurem öl,
unfre leuhten ferlöshen. Di klugen antworteten: Niht fo, 9
da es für euh und uns niht genug wäre; get zu den krä-
mern und kauft für euh felbst. Als fi gingen, um zu kau- 10
fen, kam der bräutigam; di bereiten gingen mit im zur
hohzeit; di tür wurde fershlossen. Darauf kommen di 11
übrigen jungfrauen und sprehen: Her, her, tue uns auf.
Er sprah: Warlih, ih fage euh, ih kenne euh niht. — Da- 12
her waht, da ir weder tag, noh stunde wist, in der des 13
menshen fon komt. [In Jā gleihnis wirt bedeutet, das di
klugen [di bei got und niht bei den menshen klugen] für
geist fon got [im gleihnis das öl] forgen, um ires lebens
liht immer brennend zu erhalten, wärend di einfältigen [di
bei got und niht bei den menshen einfältigen] glauben, das
ires lebens liht immer brennen, und niht ferlöshen wirt,
weil fi öl [geist] haben, aber es erlisht am ende bald [im

augenblik ires todes], weil es bald ferbrauht wirt, oder ir
öl niht das rehte öl ist, das ewig und immer forhält, ſon-
dern bald ein ende nimt.] — [Das himmel-reih wirt ſein] wi 14
ein mensh, der über land zog, ſeine knehte rif und inen
ſeine güter übergab. Einem gab er fünf zentner [ſilber], 15
dem zweiten zwei, dem dritten einen, jedem nah ſeinem
fermögen und zog dan hinweg. Da ging der, der fünf zent- 16
ner emfing, handelte damit und gewan andre fünf zentner.
Ebenſo gewan der ſon inen, der zwei [zentner] emfing, 17
andre zwei. Der aber, der einen emfing, ging weg, grub 18
eine grube in der erde und fergrub ſeines hern ſilber.
Über eine lange zeit komt der her diſer knehte und for- 19
dert ſon inen reñenshaft. Da trat der hinzu, der fünf zent- 20
ner emfing, legte andre fünf zentner dar und sprah: Her,
du übergabst mir fünf zentner; ſi, ih gewan damit andre
fünf. Ɵein her sprah zu im: Reht ſo, du guter, treuer 21
kneht, du warst über wenig treu, ih wil dih über fil ſezen;
ge ein zu deines hern freude. Da trat der hinzu, der zwei 22
zentner emfing und sprah: Her, du übergabst mir zwei
zentner; ſi, ih gewan damit zwei andre. Ɵein her sprah 23
zu im: Reht ſo, du guter, treuer kneht, du warst über we-
nig treu, ih wil dih über fil ſezen; ge ein zu deines hern
freude. Da trat auh der hinzu, der einen zentner emfang- 24
en hat und sprah: Her, ih wuste, das du ein harter man
bist; shneidest, wo du niht ſätest; ſammelst, wo du niht
ausstreutest; ih fürhtete mih, ging weg und fergrub in der 25
erde deinen zentner; ſi, da hast du das deine. Ɵein her 26
aber sprah zu im: Du shalk und fauler kneht, wustest du,
das ih shneide, wo ih niht ſäte; ſamle, wo ih niht aus-
streute, ſo mustest du mein geld zu den wexlern geben 27
und hätte ih, wenn ih gekommen wäre, das meine mit wu-
ñer zu mir genommen. Nemt im den zentner und gebt 28
den zentner dem, der zen hat; denn wer hat, dem wirt 29
gegeben werden und er wirt überflus haben; wer aber
niht hat, dem wirt auh das, was er hat, genommen wer-
den; werft den unnüzen kneht in di äuserste finsternis 30
hinaus; da wirt das weinen und das zäne-klappern ſein.
[Wer hat [fil hat, im ferborgnen das ewige leben], dem
wirt gegeben werden und er wirt überflus haben, denn
wer fil oder in reihliñem mase hat, des mas flist über und
er hat überflus; wer aber niht hat [niht fil hat, nur das
fergängliñe leben hat], dem wirt auh das, was er hat, ge-
nommen werden. Wer wenig hat, ferlirt am ende gegen
den, der fil hat, alles was er noh hat, denn im rehnen

ist $2 - 1 = 1 - 0$, das heist, wenn fon zweien einer mer
als der andre hat, fo ferhalten fi fih wi zwei, fon denen
einer etwas [alles], der andre aber nihts hat. Der mensh,
der das fergänglihe leben hat, hat leben, aber wenig leben
gegen den, der im grunde oder im ferborgnen das ewige
leben hat, und mus in der rehnung dan fein [weniges] le-
ben an den ferliren, der fil leben [das ewige leben im fer-
borgnen] hat. Wer wenig [wenig leben] hat, mus alfo in
der rehnung am ende um alles kommen [um fein leben],
daher es im gleihnis heist: Werft in, den unnüzen kneht,
in di äuserste finsternis hinaus. — Wi alle wissen, ist das
geld ein mittel zur erhaltung des lebens. Es ist ein bild,
mit dem angedeutet wirt, das wir in unfrem leben ein mit-
tel zur erhaltung des lebens [im geiste] haben und das
filber des lebens [das fergänglihe leben] nur hinzugeben
braufien, für das leben [im geiste], um das leben zu erhal-
ten. Tun wir es, fo erhalten wir mit wenig leben fil
leben [durh di hingabe des fergänglifien lebens das ewige
leben], was im bilde das mit wufier wider erhaltne geld ist.
Geben wir unfer leben niht zur erhaltung des lebens [im
geiste] hin, oder erhandeln wir niht mit dem filber unfres
lebens das ewige leben, fo gewinnen wir nihts, fondern be-
halten, was wir haben, und haben dan am ende nihts,
wenn wir das, was wir jezt haben [unfer leben], ferliren,
oder es uns durh den tod genommen wirt. In Jš gleihnis
wirt angedeutet, das wir das uns anfertraute filber des
lebens niht ferwaren, fondern hingeben, oder damit handeln
müssen, fo, das wir etwas gewinnen [das ewige leben],
wozu es uns gegeben wurde, und das, wenn wir es unter-
lisen, das leben uns am ende genommen werden wirt und
wir dan nihts mer haben werden. Wir hätten uns wi di
geizigen ferhalten, di ir geld ferwaren und puzen, aber niht
zur erhaltung des lebens gebraufien und darüber umkom-
men. Di geizigen find eben ein bild aller, di ir leben niht
in götlifier weife ferwenden, das heist, niht zur erhaltung
des lebens im geiste [im ferborgnen], fondern das filber
ires lebens [ir leben] zu erhalten fufien, es puzen [für das
fergänglihe leben forgen], und darüber am ende das leben
ferliren. Das niht rehte benuzen des lebens ferhält fih wi
kein benuzen des lebens, denn, was man niht reht benuzt,
dafon hat man am ende keinen nuzen wi dafon, was man
niht benuzt. Es ist aber das benuzen des lebens, wi es
fon allen benuzt wirt, wenn auh bei den menshen ein reh-
tes benuzen, fo doh bei got, oder wirklih kein rehtes be-

nuzen des lebens, weil es niht benuzt wirt, um das leben
im geiste oder wirklih zu erhalten.] — Wenn des menshen 31
fon in feiner ere käme und mit im alle heiligen boten, dan
wirt er auf dem eren-stule fizen, alle fölker werden for im 32
ferfammelt werden; er wirt fi fon einander sheiden wi ein
hirt di shafe fon den bökken sheidet; di shafe wirt er zu 33
feiner rehten stellen, di bökke zur linken. Dan wirt der 34
könig zu denen zu feiner rehten fagen: Komt her, ir gefeg-
neten meines faters; ererbt das reih, das euh fon anbegin
der welt bereitet ist. Ih war hungrig und ir gabt mir zu 35
essen; ih war durstig und ir gabt mir zu trinken; ih war
ein fremdling und ir namt mih auf; ih war nakkend und 36
ir gabt mir ein kleid; ih war krank und ir befuhtet mih;
ih war im gefängnis und ir kamt zu mir. Dan werden di 37
gerehten zu im fagen: Her, wan fan wir dih hungrig und
gaben dir zu essen? Oder durstig und gaben dir zu trin-
ken? Wan fan wir dih als fremdling und namen dih auf? 38
Oder nakkend und gaben dir ein kleid? Wan fan wir dih 39
krank, oder im gefängnis und gingen zu dir? Der könig 40
wirt inen antworten: Warlih, ih fage euh: Was ir Einem
unter difen meinen geringsten brüdern tatet, das tatet ir
mir. — Dan wirt er zu denen zur linken fagen: Get fon 41
mir, ir ferfluhten, in das ewige feuer, das dem ferleumder
und feinen boten [allen ferleumdern] bereitet ist. Ih war 42
hungrig und ir gabt mir niht zu essen; ih war durstig und
ir gabt mir niht zu trinken; ih war ein fremdling und ir 43
namt mih niht auf; ih war nakkend und ir gabt mir kein
kleid; ih war krank, im gefängnis und ir befuhtet mih
niht. Dan werden fi zu im fagen: Her, wan fan wir dih 44
hungrig, oder durstig, oder als fremdling, oder nakkend,
oder krank, oder im gefängnis und dinten dir niht? Dan 45
wirt er inen antworten: Warlih, ih fage euh: Was ir niht
Einem unter difen geringsten tatet, das tatet ir mir auh
niht. Gi werden zur ewigen zühtigung kommen, di gereh- 46
ten aber zum ewigen leben. [Es ist, um reht zu begreifen,
was Jŝ fagte, daran zu denken, das er in einem gleihnis
sprah, und wirt das zu begreifende niht reht begriffen,
wenn Jŝ worte buh-stäblih genommen werden. Wer im zu
fehenden einem hungrigen zu essen gibt, oder einem durs-
tigen zu trinken, einem nakkenden ein kleid gibt, einen
kranken befuht, zu einem gefangnen get, einen fremdling
aufnimt, der hat es Xŝ getan, das heist, im bilde, aber
wirklih noh niht, oder er hat zu zeigen angefangen, was
zu tun ist, wirklih aber noh niht getan, was im grunde zu

tun ist; oder er hat den anfang damit gemaht, das rehte und gute zu tun, aber es noh niht folendet; er ist ein anfänger im gefeze, aber noh kein folender des gefezes. Es ist aber nötig, niht nur das gefez anzufangen oder ein anfänger im gefez zu fein, fondern es auh zu folenden, wi es durh Jſ Xſ gesha, fon dem es heist: Er war der anfang und das ende des gefezes. Er fing niht nur das gefez an, oder zeigte das gefez niht blos im bilde, wi di Juden, di Juden heisen, und im ferborgnen niht Juden, fondern heiden find, fondern folendete es auh oder zeigte es am ende auh wirklih an fih. Wer es im gefez nur reht und niht shein-heilig anfängt, fit am ende, wi das gefez zu folenden ist, oder wi es begriffen werden mus, um kein anfänger im gefez zu bleiben, und fit dan, das es am ende Xſ am kreuze war, der den hungrigen wirklih zu essen gab, den durstigen zu trinken, di nakkenden kleidete, di kranken im gefängnis befuhte und erlöfete, dadurh, das Xſ feinen leib [im bilde, das laib brod] den armen [den menshen] brah, fein blut fergos [im bilde zu trinken gab], das kleid feines lebens auszog, den armen gab und zu den kranken und toten [im ferborgnen] ging. So wi Xſ am kreuze müssen fih aber am ende alle ferhalten, di wirklih oder bei got den hungrigen zu essen geben, den durstigen zu trinken, den armen ein kleid geben und di gefangnen befuhen, denn mit allem zu fehenden wirt nur dem bilde gedint und niht dem wirklihen. Wer wi Xſ am kreuze den leib feines lebens [im bilde, das laib brod] briht, der briht fein brod allen, und niht blos Einem, weil dan im ferborgnen geshit, was Jſ im zu fehenden tat, als er ein brod nam, brah, taufende dafon erhilten und alle, di es erhilten, fat wurden. Wer wi Xſ das kleid feines lebens den armen hingibt, fon dem erhalten alle nakkenden ein kleid [das kleid des lebens], one das es fon einem gefen würde, da es im ferborgnen geshit. Hirauf bezin fih di worte der gerehten, di [im gleihnis] zu Xſ fagen: Wan gaben wir dir zu essen oder zu trinken? — Ire linke hand wuste niht, was ire rehte hand tat, oder der fergänglihe mensh fa und wuste niht, was im ferborgnen durh den geist gesha. Di armen und kranken im bilde [im äusern, bei den menshen] find fon den armen und kranken im ferborgnen, den wirklih armen und kranken zu untersheiden, und wer fi niht reht untersheidet, der gibt am ende den armen und nakkenden kein kleid, fondern reist es inen fom leibe; er gibt den armen und hungrigen kein brod und den dursti-

gen kein glas wasser zu trinken, fondern essig und shlägt
di armen und nakkenden ans kreuz.]

    26. Es begab fih, als Jŝ alle dife worte folendet 1
hatte, sprah er zu feinen lerlingen: Ịr wist, das nah zwei 2
tagen ostern ist, und wirt des menshen fon zur kreuzigung
übergeben. [Jŝ fagte foraus, wi er sterben würde, das er
gekreuziget werden müste, was auh aus der shrift oder
dem gefez fon Mofes zu fen ist, Jŝ lerlinge aber niht gleih
begriffen, weil fi di shrift wi alle Juden, nur im buh-sta-
ben, aber niht im grunde oder wirklih begriffen, und inen
erst durh Xŝ tod di shrift geöfnet, oder ferständlih wurde.
— Alle opfer, di nah dem gefez gebraht werden, find am
ende nur ein bild des opfers, das durh Xŝ gebraht werden
folte, und muste dan Xŝ auf holz [im bilde, di shlaht-bank
der opfer-tire] geopfert werden [es gesha am kreuze], und
muste er am holze [am kreuze] ferbluten [ausbluten wi di
opfer-tire]. — Jŝ wurde fon Johannes, [den alle für einen
profeten hilten], das lam gottes genant, und war alfo das
zum opfer bestimte lam ein bild des opfers in Xŝ. Das
lam hat aber wi alle zum opfer bestimten widerkäuenden
tire [shafe, zigen, oxen], 3 Mof. 11, 3, gespaltne klauen,
und muste daher Xŝ tod am kreuze erfolgen, weil auf dife
todes-art durh di shlaht-bank, das ferbluten und di ge-
spaltnen klauen des lammes zu kommen ist. — Wi durh
di gespaltnen klauen der widerkäuenden tire angedeutet
wurde, das di hände und füse an Xŝ gespalten [durh di
nägel in feinen händen und füsen gespalten] gefen werden
folten, fo wurde durh das widerkäuen difer tire, das in
einem nemen, fon fih geben und wider zu fih nemen der
narung bestet, angedeutet, das Xŝ das leben [im bilde, das
laib brod] nemen, fon fih geben und widernemen, das
heist, sterben und aufersten folte. Nah dem buh-staben
des gefezes wirt zum opfer ein lam bestimt, im grunde
aber oder wirklih kein lam, fondern war Xŝ das lam, das
zum opfer bestimt war. So ist alfo Xŝ nah der shrift
das lam, das gespaltne klauen hat und widerkäut, das zu
opfern und des fleish zu genisen ist, und ist niht ein lam zu
shlahten und das fleish zu essen, womit di Juden dem
bilde dinen, aber niht dem wirklifen, das fi durh iren
bilder-dinst niht begreifen. Wunderbar wurde im buh-
staben oder im bilde der shrift forher bestimt, woran der
Messias, Xŝ, zu erkennen fein folte. Wenn ein mensh am
kreuze stürbe, doh niht auferstände und wider ein laib
brod bräfe [wi Xŝ nah feiner auferstehung] und es äse, fo

wäre er nah Mofes gefez, 3 Mof. 11, 7, ein unreines tir,
wi das shwein, das gespaltne klauen hat, aber niht wider-
käut, das heist, nur ein mensh, der gekreuzigt würde [ge-
spaltne klauen hätte], aber niht zur auferstehung käme,
[niht widerkäute]. Wenn ein mensh fon den toten aufer-
stände und wider brod äse, doh niht am kreuze gestorben
wäre, fo wäre er nah Mofes wider ein unreines tir, wi das
kamel, das widerkäut, aber keine gespaltne klauen hat.] —
Da ferfammelten fih di hoh-geistlihen, shrift-gelerten 3
und älsten des folkes im hofe des hoh-geistlihen, der Kai-
fas his, und hilten rat, um Jŝ mit list zu greifen und um- 4
zubringen. Gi sprahen: Ja niht zur feier [fon ostern], da- 5
mit es niht zu einem aufstande im folke käme. [Jŝ zeihen,
di ein zeihen feiner herkumft fom himmel waren, waren
für fi nihts, aber zölner und huren merkten daraus, das
Jŝ ein profet fein müste, der fon got gekommen wäre. Go
kamen denn zölner und huren, oder di ferahtetsten men-
shen, eher dazu in Jŝ den Messias oder Xŝ zu erkennen
als di hoh-geistlihen, shrift-gelerten und älsten des folkes,
di alein di shrift zu fersten glaubten und dan durh ir fer-
ständnis der shrift den Messias, Xŝ, ferfluhten, einen mör-
der [den Barabbas] dem Messias forzogen und den Mes-
sias, Xŝ, kreuzigen lisen.] — Jŝ war in Betanien, im haufe 6
Gimons, des ausfäzigen; ein weib trat zu im; fi hatte ein 7
alabaster-glas mit einem fer teuren myrten-öle und gos es,
als er am tishe rute, auf fein haupt aus. Geine lerlinge, 8
di es fan, wurden unwillig und sprahen: Wozu dife fer-
shwendung? Es hätte dis (myrten-öl) fer teuer ferkauft 9
und [das geld] den armen gegeben werden können. Jŝ 10
merkte es und sprah zu inen: Was bekümmert ir das
weib? Gi tat ein gutes werk an mir; arme habt ir immer 11
bei euh, mih aber habt ir niht immer. Das fi das myrten-öl 12
auf meinen leib gos, das tat fi zu meinem begräbnis. War- 13
lih, ih fage euh: Wo auh in der ganzen welt di gute bot-
shaft ferkündigt werden würde, da wirt man fagen, was
fi zu irem andenken tat. — Da ging einer fon den zwöl- 14
fen, der Judas fon Kariot his, zu den hoh-geistlihen, und 15
sprah: Was wolt ir mir geben? Ih wil in euh ferraten.
Gi boten im dreisig filberlinge. Fon da an fuhte er eine 16
gelegenheit, damit er in ferrite. — Am ersten tage der fü- 17
sen brode traten di lerlinge zu Jŝ und fagten: Wo wilst
du, das wir dir das oster-lam zu essen bereiteten? Er 18
sprah: Get in di stat zu einem und spreht zu im: Der
lerer läst dir fagen: Meine zeit nat fih, und möhte ih bei

dir mit meinen lerlingen ostern halten. Di lerlinge taten 19
wi Jš inen anbefolen hatte, und bereiteten das oster-lam.
Als es abend war, rute er am tish mit den zwölfen; fi 20
asen, er sprah: Warlih, ih fage euh: Einer unter euh wirt 21
mih ferraten. Gi wurden fer traurig und fingen an, ein 22
jeder unter inen, zu fagen: Her, bin ih es? Er antwortete: 23
Der mit der hand mit mir in di shüssel eintunkt [das brod
in wein], der wirt mih ferraten. Des menshen fon get 24
zwar dahin, wi fon im geshriben ist, doh wehe dem men-
shen, durh den des menshen fon ferraten wirt; es wäre
shön, wenn der mensh niht geboren wäre. Da sprah Ju- 25
das, der in ferrit: Bin ih es, rabbi? Er sprah zu im: Du
fagtest es [du gabst mih an.] — Als fi asen, nam Jš ein 26
[laib] brod, fegnete es, brah es, gab es den lerlingen und
sprah: Nemt, est; das ist mein leib. [Es bedeutete oder
war [im gleihnis] Xš leib, der für alle [am kreuz] gebro-
ĥen werden folte.] Er nam di shale [mit rotem wein], 27
dankte [dafür], gab fi inen und sprah: Trinkt alle daraus;
das ist mein blut des (neuen) fermähtnisses, das für file 28
zur fergebung der fünden fergossen wirt. [Es war im
bilde das blut, das am kreuze fon Xš fergossen werden
folte, um den ferborgnen menshen [im gleihnis, file] durh
Xš tod fom [ewigen] tode zu erlöfen.] — Ih fage euh: Fon 29
nun an werde ih niht mer fom gewäx des wein-stoks trin-
ken, bis an den tag, an dem ih es mit euh neu trinken
werde in meines faters reih. Gi [di lerlinge] stimten einen 30
lob-gefang an; darauf gingen fi zum berge der öl-bäume
[dem öl-berge]. Da spriht Jš zu inen: In difer naht wer- 31
det ir euh alle an mir ärgern, denn es ist geshriben: Ih
werde den hirten shlagen und der herde shafe werden fih
zerstreun. Aber nah meiner erwekkung werde ih for euh 32
nah Galiläa gen. Petrus sprah zu im: Wenn auh alle fih 33
an dir ärgerten, ih werde mih nimals ärgern. Jš sprah zu 34
im: Warlih, ih fage dir: In difer naht, e der han kräte,
ferleugnetest du mih drei mal. Petrus spriht zu im: Wenn 35
ih mit dir sterben müste, ih werde dih niht ferleugnen.
Dasfelbe fagten alle lerlinge. Da komt Jš mit inen zu 36
einem hofe, der Getsemane his, und spriht zu feinen ler-
lingen: Gezt euh hir, bis ih dorthin ginge und betete. Er 37
nam Petrus und di beiden föne fon Zebedäus zu fih und
fing zu trauern und zu zagen an. Da spriht er zu inen: 38
Meine fele ist bis in den tod betrübt; bleibt hir und waht
mit mir. Er ging ein wenig weiter, fil aufs angefiht, be- 39
tete und sprah: Mein fater, ist es möglih, fo gehe dife

shale mir forüber, aber niht wi ih wil, fondern wi du
wilst. — Er komt zu den lerlingen, findet fi shlafend, und 40
spriht zu Petrus: Könt ir denn niht Eine stunde mit mir
waḫen? [In der naht [difer welt] komt der ferräter und
feind, überfält di shlafen und ruhenden und bringt fi um.
Das shlafen und run shadet der erhaltung des lebens, und
ferlirt der mensh, der fih dem shlafe und der ruhe hin-
gibt, das leben.] Waḫet und betet, damit ir niht in fer- 41
fuḫung kämet [das unrehte zu tun und das leben niht fer-
löret.] — Der geist ist bereit [der hilft], aber das fleish ist
shwah. [Es hilft niht dem menshen. Es shadet fih der
mensh, der feinen willen und niht des geistes willen tut.
Joh. 6, 63.] — Er ging wider, zum zweiten mal, weg, be- 42
tete und sprah: Mein fater, ist es niht möglih, das di
shale mir forüber ginge, one das ih fi tränke, fo geshehe
dein wille. — Er komt und findet fi wider shlafend, denn 43
ire augen waren fol shlaf. Er lis fi, ging wider weg, be- 44
tete zum dritten mal und sprah difelben worte. Da komt 45
er zu feinen lerlingen und spriht zu inen: Wolt ir di noh
übrige zeit shlafen und run? Get, di stunde ist gekom-
men, des menshen fon wirt in der fünder hände über-
geben. Stet auf, last uns gen. Get, er ist gekommen, der 46
mih ferrät. [Jś fagte inen alfo, das der ferräter und feind
gekommen ist, di lerlinge fan es niht, ferhilten fih alfo wi
shlafende, di niht merken und fen, was um fi her forget.]—
Er sprah noh, fet, da kam Judas, einer der zwölf; mit 47
îm ein groser haufe fon den hoh-geistliḫen und älsten des
folkes, mit shwertern und knüppeln. Der ferräter hatte 48
inen ein zeiḫen gegeben und gefagt: Der ist es, den ih
küssen werde, greift den. Er [Judas] trat gleih zu Jś und 49
sprah: Gei gegrüst, rabbi! und küste în. Jś sprah zu îm: 50
Mein freund, warum bist du gekommen? — Da traten fi
hinzu, legten di hände an Jś und griffen în. [Das war di
antwort.] Get, einer unter inen, di bei Jś waren, rekte di 51
hand aus, zog fein shwert, shlug auf einen kneht des hoh-
geistliḫen und hib îm ein or ab. Da spriht Jś zu îm: 52
Stek dein shwert an feinen ort; denn wer das shwert er-
greift, wirt mit dem shwerte umkommen. Oder meinst 53
du niht, das ih meinen fater bitten kan und er mir mit
mer als zwölf sharen [feiner] boten beisten wirt? Wi 54
würde aber di shrift erfült, das es fo geshen mus? [das
Xś in der naht [fon der naht der welt] erfast werden, und
sterben mus?] Zu der stunde sprah Jś zu den haufen: Ir 55
gingt wi auf einen mörder aus, um mih zu fangen, mit

shwertern und knüppeln; täglih ſas ih im tempel (unter
euh) und lerte, und ir grift mih niht. [Ɵi zeigten ſih am
tage mahtlos gegen Jš und hatten nur maht in der naht,
das war ire stunde, di stunde der dibe und mörder, und
muste, da di raub-tire [wölfe, shakalle, füxe, hyänen, tiger
und löwen] in der naht, oder ſobald es dunkel wirt, ſih aus
irem lager erheben und andre tire [shafe, zigen, oxen, eſel,
rosse] überfallen und zerreisen, Xš in der naht überfallen,
und ſon den wölfen der welt zerrissen werden.] — Alles dis 56
ist geshen, damit di shriften der profeten erfült würden. —
Da ferlisen în alle lerlinge und flon. Di aber, di Jš grif- 57
fen, fürten în zum hoh-geistliħen Kaifas, wo di shrift-ge-
lerten und älsten ſih ferſammelten. Petrus folgte im ſon 58
ferne, bis in des hoh-geistliħen hof; er ging hinein und
ſezte ſih zu den knehten, um das ende zu ſen. — Di hoh- 59
geistliħen, di älsten und der ganze rat ſuhten ein unwares
zeugnis gegen Jš, damit ſi în töteten und fanden keins, 60
obwol file lügnerishe zeugen auftraten; zulezt traten zwei
auf, di spraħen: Er ſagte: Ih kan den tempel gottes ab- 61
breħen und in drei tagen errihten. Der hoh-geistliħe 62
stand auf und sprah zu im: Antwortest du darauf nihts,
was ſi gegen dih bezeugen? — Jš shwig. [Zu böswilligen, 63
ungerehten beshuldigungen shweigt der gerehte.] Der hoh-
geistliħe sprah zu îm: Ih beshwöre dih beim lebendigen
got, das du uns ſagtest, ob du Xš [der Messias], der ſon
gottes, bist? Jš sprah zu îm: Du ſagtest es. [Jš ſagte den 64
Juden niht, das er der Messias ist, aber der hoh-geistliħe
kam darauf, und muste er einen grund haben, darauf zu
kommen, und lag der grund am ende in Jš zeiħen, di ein
zeiħen waren, das er der Messias war, den ſi aber niht
wolten, weil er niht nah irem ſinne war.] — Doh ih ſage
euh: Fon nun an werdet ir des menshen ſon zur rehten
der kraft ſizen, und in des himmels wolken kommen ſen.
[Jš ſagte: Ir werdet des menshen ſon kommen ſen und
ſagte alſo wider niht, das er der Messias ist.] Da zerris 65
der hoh-geistliħe ſeine kleider und sprah: Er lästerte [got.]
Was haben wir noh zeugen nötig? Ɵet, nun hörtet ir
ſeine lästrung. Was dünkt euh? Ɵi antworteten: Er ist 66
des todes shuldig. Da spin ſi in ſein angesiht und shlug- 67
en în mit der faust ins geſiht, andre shlugen în mit ru-
ten und spraħen: Weisſage uns Xš, wer es ist, der dih 68
nekte [dih shlug.] — Petrus ſas drausen im hofe; eine 69
magd trat zu îm und sprah: Du warst auh mit dem Jš
aus Galiläa. Er leugnete es for allen und ſagte: Ih weis 70

niht, was du sprihst. Als er zum tore hinaus ging, ſa in 71
eine andre, di ſagte zu denen, di da waren: Er war auh
mit dem Jſ̌ fon Nazaret. Er leugnete wider und shwur: 72
Ih kenne den menshen niht. Nah einer kleinen weile tra- 73
ten di dort stehenden hinzu und spraĥen zu Petrus: War-
haftig, du bist einer fon inen, denn deine spraĥe ferrät
dih. Da fing er ſih zu ferfluĥen und zu shwören an: Ih 74
kenne den menshen niht; gleih kräte der han. Da dahte 75
Petrus an di worte, di Jſ̌ im geſagt hat: E der han kräte,
ferleugnetest du mih drei mal. Er ging hinaus und weinte
heftig.

27. Frü am morgen hilten alle hoh-geistliĥen und 1
di älsten des folkes einen rat über Jſ̌, damit ſi in töteten.
Ɠi lisen in binden und abfüren, und übergaben in dem 2
stat-halter Ponzius Pilatus. Als Judas ſa, der in ferrit, 3
das er ferurteilt wurde, reute es in, und brahte di dreisig
ſilberlinge den hoh-geistliĥen und älsten wider, und sprah: 4
Ih ſündigte, weil ih unshuldiges blut ferrit. Ɠi spraĥen: 5
Was get das uns an? Da ſi du zu. — Er warf di ſilber-
linge in den tempel, entfernte ſih, und ging und erhing
ſih. [Nah Moſes [5 Moſ. 21, 22] ist ein aufgehängter fer-
fluht, und war daher Judas, als er ſih erhängt hatte, und
alſo aufgehängt war, ferfluht. Da er nur durh ſih ſelbst,
und niht durh andre dazu kam, aufgehängt zu ſein, ſo war er
durh ſih ſelbst, und niht durh andre, ferfluht. Es war aber
auh Jſ̌, als er ans kreuz gehängt wurde, ferfluht, und durh
Judas, weil er durh Judas dazu kam, ans kreuz gehängt zu
werden. Da Jſ̌ den fluh [den staub], der durh Judas [di
welt] auf in gekommen war, abshüttelte, in ſeiner aufer-
stehung fon der erde [aus dem grabe], Judas aber im
grabe tot ligen blib, und alſo der fluh [der tod] an Judas
blib, ſo ist Judas am ende alein ferfluht und ein ferfluhter,
der Xſ̌ ferfluhte, dagegen Xſ̌, der Judas ſegnete, indem er
im ſeinen leib hingab [im bilde, das laib brod in wein]
alein am ende der geſegnete. — Judas [di welt] ferdankte
Xſ̌ das leben [den leib mit blut, das laib mit wein], mit
dem Judas [di welt] fon Xſ̌ geſegnet wurde und ferfluhte Xſ̌,
und kam der ſegen [das leben] auf Xſ̌ wider zurük, fon
dem der ſegen [das leben] gekommen war, aber der fluh,
der fon Judas [der welt] auf Xſ̌ gekommen war, kam auf
Judas [di welt] wider zurük. Di namen Judas und Jſ̌ ha-
ben im laute etwas ferwantes und wurde damit das fer-
wante zwishen inen wi zwishen brüdern angedeutet; auh
waren ja Judas und Jſ̌ beide Juden und his fon Jſ̌ brü-

dern einer Judas, was niht one bedeutung ist, da damit
am ende angedeutet wurde, das Jŝ fon feinen brüdern [den
Juden] ferraten werden folte. Judas und Jŝ waren alfo
brüder, doh ungleiħe brüder, ein unedler und ein edler
bruder, ein shlehter und ein guter bruder. Der shlehte
ist ein mörder und wil den guten.ums leben bringen [alle
umbringen]; der gute ist kein mörder, er wil fih und den
bruder [alle] am leben erhalten. Was tun nun di beiden
brüder? Der gute gibt alles, was er hat, fein leben, hin,
um den bruder [den shlehten] am leben zu erhalten; der
shlehte ferfluht in. Was ist das ende? Der fluh [der
tod], der fom shlehten bruder [wi staub fon der welt] auf
den guten bruder gekommen ist, wirt fon im abgeshüttelt,
er stet fon der erde auf, und der shlehte, der fluħer,
bleibt im fluħe, im staube der erde ligen. Was aber durh
Judas und Xŝ gefen wurde, ist am ende ein bild fon allem
im al zu fehenden, da fih alles im al wi zwei ungleiħe
brüder ferhält, wi Judas und Jŝ, zwei Juden, fon denen
einer Jude heist, aber bei got kein Jude ist, der andre
niht Jude genant wirt [di Juden wolten nihts fon Jŝ wis-
sen], aber im ferborgnen oder wirklih ein Jude ist. —
Alles auf der erde zu fehende ferhält fih wi ein fon got
[in Xŝ] auf das tote gekomner fegen [es war am anfang
wüste auf der erde], wodurh das tote das leben [im fer-
gängliħen, im jezt zu fehenden] hat, doh das tote begrif
den fegen [das leben] fon got in Xŝ niht, und ferfluht den,
fon dem der fegen [das leben] auf das tote [di toten im
ferborgnen] gekommen war. Was im zu fehenden leben
hat, das hat niht wirklih leben, fondern nur eine maske
·des lebens und birgt in fih den tod. Di libe, fon der di
welt spriht, ist keine wirkliħe libe, fondern hast di welt
das leben; fi wil nihts fom leben [in Xŝ] wissen und wirt
das leben [Xŝ] fon ir nur ferfluht.] — Di hoh-geistliħen 6
namen di filberlinge und spraħen: Es taugt niht, fi in den
gottes-kasten zu werfen, da es blut-geld ist. Ɵi hilten rat 7
und kauften dafür eines töpfers akker, zum begräbnis für
fremde [für heiden.] Daher wurde der akker bis auf di- 8
fen tag der blut-akker genant. Da wurde das durh den 9
profeten Jeremias gefagte erfült: Ɵi namen di dreisig fil-
berlinge, den wert des abgeshäzten, den fi fon den kindern
Ifraels abshäzten, und gaben fi für eines töpfers akker, wi 10
mir der her befal. — Jŝ stand for dem stat-halter; der 11
stat-halter fragte in: Bist du der Juden könig? Jŝ sprah
zu im: Du fagst es. [Du kamst darauf zu fagen, das ih

der Juden könig bin, ih ſagte es niht.] Als er ſon den 12
hoh-geiſtliħen und älſten ferklagt wurde, antwortete er
nihts. Da ſpriht Pilatus zu im: Hörſt du niht, was ſi 13
alles gegen dih bezeugen? Er antwortete im aber auf kein 14
wort. Der ſtat-halter wunderte ſih ſer. Zur feier [ſon 15
oſtern] hatte der ſtat-halter di gewonheit, einen gefangnen
dem haufen los zu geben, welħen ſi wolten. Ɵi hatten da 16
einen berühtigten gefangnen, der Barabbas his. Da ſi fer- 17
ſammelt waren, ſprah Pilatus zu inen: Welħen wolt ir,
das ih euh los gäbe, Barabbas oder Jš, ſon dem geſagt
wirt, das er Xš [der Messias] iſt? Er wuſte, das ſi in aus 18
neid übergeben hatten. Als er auf dem riht-ſtʋle ſas, 19
shikte ſein weib zu im und lis im ſagen: Es ſei nihts zwi-
shen dir und diſem gerehten; ih lit ſeinetwegen fil heute
im traum. Di hoh-geiſtliħen und älſten überredeten di 20
haufen, das ſi um Barabbas bäten, aber Jš umbrähten. Der 21
ſtat-halter ſprah zu inen: Wen ſon beiden wolt ir, das ih
euh los gäbe? Ɵi ſagten: Barabbas. Pilatus ſpriht zu 22
inen: Was werde ih denn mit Jš maħen, ſon dem geſagt
wirt, das er Xš [der Messias] iſt? Alle ſpreħen: Er werde
gekreuzigt. Der ſtat-halter ſagte: Was tat er denn übles? 23
Ɵi ſhrin aber nun noh mer [als zuerſt] und ſagten: Er
werde gekreuzigt. Da Pilatus ſa, das er nihts ausrihtete, 24
ſondern das getümmel nur gröser wurde, nam er wasser
und wush ſih di hände for dem haufen und ſagte: Ih bin
unshuldig an diſes gerehten blut; ir werdet ſen. Das ganze 25
folk antwortete: Ɵein blut komme über uns und unſre
kinder. Da gab er inen Barabbas los, aber Jš lis er gei- 26
seln und übergab in, damit er gekreuzigt würde. Da na- 27
men des ſtat-halters krigs-knehte Jš ins riht-haus und fer-
ſammelten bei im di ganze rotte. Ɵi zogen in aus, legten 28
im ein hohrotes reiter-kleid um; flohten aus dornen eine 29
krone, ſezten ſi auf ſein haupt, [legten] in ſeine rehte hand
ein ror, beugten di knie for im, ferspotteten in, ſpraħen:
Ɵei gegrüſt, du könig der Juden, ſpin in an, namen das 30
ror und ſhlugen auf ſein haupt. Nah irer ferspottung 31
{iren späsen] zogen ſi im das reiter-kleid aus, ſeine kleider
an, und fürten in zur kreuzigung ab. Beim hingen fan- 32
den ſi einen menshen aus Kyrene, namens Ɵimon, den ſi
zwangen, ſein kreuz zu tragen. [Hirnah iſt anzunemen, das
Jš unter der laſt des kreuzes gefallen war, und weil er
zu shwah war, um es weiter zu tragen, ein forübergehen-
der ſon inen gezwungen wurde, das kreuz aufzuheben und
es Jš nahzutragen.] — Ɵi kamen zu einem orte, der Gol- 33

gata heist, das heist Shädel-stätte. Gi gaben îm mit galle 34
fermishten essig zu trinken, er shmekte es und wolte niht
trinken. Gi kreuzigten în und ferteilten [unter ſih] ſeine 35
kleider, um di ſi ein los warfen (damit das durh den pro-
feten geſagte erfült würde: Gi teilten unter ſih meine
kleider und warfen ein los um mein gewand.) Gi ſasen 36
und bewahten în da. Oben über ſeinem haupte shlugen ſi 37
eine aufshrift, mit der shuld ſeines todes, an: Es ist Jŝ,
der Juden könig. [Er wurde ans kreuz geshlagen, weil er
ſih zum könige der Juden mahte.] — Mit im wurden zwei 33
mörder gekreuzigt, einer zur rehten, der andre zur linken.
Di forüber gehenden lästerten in, shüttelten ire köpfe 29
und spraꞒen: Du zerbrihst den tempel und errihtest în in 40
drei tagen, hilf dir doh ſelbst; wenn du gottes ſon bist,
ſo steig fom kreuze herunter. Ebenſo spotteten di hoh- 41
geistliꞒen mit den shrift-gelerten und älsten über în und
spraꞒen: Andern half er, ſih ſelbst kan er niht helfen; ist 42
er Iſraels könig, ſo steige er jezt fom kreuze, ſo werden
wir îm glauben; er hat got fertraut, der erlöſe în jezt, 43
wenn er wil; er ſagte ja: Ih bin gottes ſon. Auh di mör- 44
der, di mit im gekreuzigt waren, shmäten in [alſo alle.] —
Es entstand ſon der ſexten stunde eine finsternis über das 45
ganze land, bis zur neunten stunde. Um di neunte stunde 46
rif Jŝ laut: Eli, eli, lama, ſabahtani? das heist: Mein got,
mein got, warum ferlist du mih? — Einige der dort ste- 47
henden, di es hörten, ſagten: Er ruft den Elias. Gleih lif 48
einer ſon inen, nam einen shwam, fülte în mit essig, stekte
în auf ein ror und gab im zu trinken. Di andern ſagten: 49
Las es, wir wollen doh ſen, ob Elias îm zu helfen komt. —
Jŝ shri wider laut und gab den geist auf. — Get, im 50
tempel ris der forhang inzwei, ſon oben bis unten; di erde 51
erbebte; felſen zerrissen, gräber öfneten ſih; file leiber 52
ſon entshlafnen heiligen standen auf, gingen aus den grä- 53
bern nah ſeiner auferstehung, kamen in di heilige stat und
ershinen filen. [Das zerreisen des forhangs im tempel be-
deutet, das Xŝ durh das zerreisen ſeines leibes in das hei-
ligtum des tempels eingetreten war, und das zerreisen der
felſen und di auferstehung der heiligen aus iren gräbern,
das durh Xŝ zerrisnen leib das grab aufgerissen wurde
und di heiligen im grabe [in Xŝ] auferstanden und in di
heilige stat Jeruſalem kamen.] — Als der haupt-man und 54
di mit îm Jŝ bewaꞒenden das erd-beben ſan und was ge-
sha, ershraken ſi ſer und ſagten: Warhaftig, er war gottes
ſon. — File weiber waren da, di ſon ferne zu ſan; ſi wa- 55

ren Jŝ aus Galiläa gefolgt und dinten im; unter inen war 56
Maria Magdalena und Maria, di mutter fon Jakobus und
Jofes, und di mutter fon Zebedäus fönen. — Am abend 57
kam ein reiñer man aus Arimatia, der Jofef his und ein
lerling fon Jŝ war. Der ging zu Pilatus und bat um Jŝ 58
leiñe. Da befal Pilatus, fi im zu geben. Jofef nam di 59
leiñe, wikkelte fi in eine reine lein-wand, und legte fi in 60
fein neues grab, das in fels gehauen war, wälzte for den
eingang zum grabe einen grosen stein und ging weg. Ma- 61
ria Magdalena war da und di andre Maria, di fasen beim
grabe [und fan der beifezung fon Jŝ leiñe zu.] Am an- 62
dern tage, der auf den rüst-tag folgte, kamen di hoh-geist-
liñen und farifäer fämtlih zu Pilatus, und sprañen: Her, 63
wir dahten daran, das difer betrüger fagte, als er noh
lebte: Nah drei tagen werde ih erwekt. Befil daher, das 64
grab bis zum dritten tage zu ferwaren, damit feine ler-
linge niht kämen, in stälen und zum folke spräñen: Er
wurde fon den toten erwekt; es würde der lezte betrug
ärger als der erste fein. Pilatus sprah zu inen: Ir erhaltet 65
eine wañe, get hin und ferwart es, wi ir wist. Ĝi gingen 66
hin, ferfigelten den stein und ferwarten das grab mit der
wañe.

28. Am abend der woñe, an einem anbreñenden 1
woñen-tage [nah unfrer rehnung am fontag frü, for fonnen-
aufgang, als es noh dunkel, und nah Jüdisher rehnung
noh abend des ersten woñen-tages war, der bis zum auf-
gange der fonne dauerte], kam Maria Magdalena und di
andre Maria, das grab zu fen. Ĝet, ein groses erd-beben 2
entstand [e fi zum grabe kamen], ein bote des hern kam
fom himmel herab, trat hinzu, wälzte den stein fom ein-
gange [des grabes] und fezte fih auf den stein. Ĝeine er- 3
sheinung war wi der bliz [auf ein mal war er da] und
fein gewand weis wi shne; di wähter erbebten durh den 4
shrek fon îm und waren wi tot. [Als fi fih aber fon irem
todes-shrek erholten, standen fi auf [Joh. 18, 6—8] und
flon fom grabe; da kamen di weiber hin.] Der bote sprah 5
zu den weibern: Fürhtet euh niht; ih weis, das ir den ge-
kreuzigten Jŝ fuht; er ist niht hir; er wurde, wi er es 6
fagte, erwekt. Komt her, fet di stelle, wo er (der her)
lag. Ĝet gleih und fagt es feinen lerlingen, das er fon 7
den toten erwekt wurde. Ĝet, er get for euh nah Galiläa,
da werdet ir in fen. Ĝet, ih fagte es euh. Ĝi gingen 8
gleih fom grabe, mit furht und groser freude, und lifen,
es feinen lerlingen zu ferkündigen. Ĝet, Jŝ begegnete inen 9

und spralı: Geit gegrüst. Gi traten zu im, fasten ın an
den füsen an und filen for im nider. Da spriht Jš zu 10
inen: Fürhtet euh niht, get und kündigt meinen brüdern
an, das fi nah Galiläa gingen; dort werden fi mih fen.
Als fi gingen, fet, da kamen einige fon der waĥe in di 11
stat und ferkündigten alles den hoh-geistliĥen, was gesha.
Gi kamen mit den älsten zufammen, hilten rat, gaben den 12
krigs-knehten geld genug, und spraĥen [zu inen]: Gagt, 13
feine lerlinge kamen in der naht, und stalen in, weil wir
shlifen. Würde es beim stat-halter auskommen, fo wer- 14
den wir în stillen und maĥen, das ir fiĥer feit. Gi namen 15
das geld und taten wi fi unterrihtet waren, und wurde,
was fi fagten, bis auf den heutigen tıg, unter den Juden
ferbreitet. — Di elf lerlinge gingen nah Galiläa auf den 16
berg, auf den Jš fi hin beshiden hatte. Als fi in fan, 17
filen fi for im nider; einige zweifelten. Jš trat zu inen 13
und spralı: Mir wurde alle gewalt im himmel und auf er-
den gegeben; get hin, unterrihtet alle fölker, tauft fi im 19
namen des faters, des fones und des heiligen geistes; lert 20
fi alles halten, was ih euh gebot. Get, ih bin bei euh
alle tage, bis ans ende der welt. — [Jš wurde an unfrem
freitage [mit dem in der spraĥe der tag der Freia, der
Libe, bedeutet wirt] am morgen um neun gekreuzigt [nah
Jüdisher rehnung um di dritte stunde] und starb am
kreuze nah fex stunden am nahmittag um drei [nah Jü-
disher rehnung um di neunte stunde.] Da Jš am fontag,
[mit dem der tag der fonne, des fones, bedeutet wirt] frü
for fonnen-aufgang, erwekt wurde, fo war er gegen 36
stunden, oder anderthalb tage tot und wurde am dritten
tage erwekt, wobei nur daran zu denken ist, das der tag
nah Jüdisher rehnung mit dem abend anfängt [aus abend
und morgen ein tag wirt] und dan alfo di naht for fontag
shon der dritte tag war, oder der abend des dritten tages,
mit dem der dritte tag begint. Jš fagte aber, im Matt.
12, 40, des menshen fon wirt drei tage und drei nähte in
der erde fein. Dis ist auh zu begreifen, wenn nur niht
nah Jüdisher weife der tag aus abend und morgen, fon-
dern aus morgen und abend gerehnet wirt. In Jüdishem
finne wäre dis allerdings ferkert gerehnet, alein das fer-
kerte im ferhältnis des alten zum neuen wirt auh shon
durh das ferkerte im ferhältnis der alten und neuen shrift,
der hebräishen und griĥishen shrift, angedeutet, indem das
griĥishe niht wi das hebräishe fon rehts nah links, fon-
dern fon links nah rehts geshriben und gelefen wirt, und

. . .
                                                       7

ist hiraus shon zu bemerken, das, um das neue in X͞s zu
begreifen, das frühe oder alte in Moſes, im Jüdiſhen ſin,
ferkert begriffen werden mus, und dan auh X͞s den Juden
ferkert ersheinen muste. An dem tage, an dem J͞s gekreu-
zigt wurde, wurde es um di ſexte stunde, nah Jüdiſher
rehnung, das heist um zwölf oder um mittag nah unſrer
rehnung, dunkel oder naht, und dauerte di dunkelheit oder
naht drei stunden, worauf es wider hel oder tag wurde.
Es komt alſo zum tage, an dem J͞s gekreuzigt wurde, eine
naht [di naht fom mittag bis zum nahmittag um drei] und
ein tag [der wider gewordne tag fom nahmittag um drei
bis zum abend] hinzu, oder ſind an einem tage zwei tage
zu begreifen, und ſo hätte man den ersten der drei tage
am freitage aus dem tage am freitage und der naht fom
mittage bis zum nahmittage um drei; den zweiten aus dem
tage am freitage fom nahmittage um drei bis zum abend
und der naht auf ſonabend; den dritten aus dem tage am
ſonabend und der naht auf ſontag, in der J͞s erstand, als
di naht zu ende ging, und wäre dan alſo J͞s nah drei ta-
gen erstanden. Das aber J͞s, als es dunkel, oder nah Jü-
diſher rehnung abend war, erwekt wurde, oder auferstand,
dafür ſpriht, das di hoh-geistlihen zu den wähtern des
grabes ſagten: Gagt, ſeine lerlinge kamen und stalen in,
weil wir shlifen, und kamen ſi am ende nur darauf, das
zu ſagen, weil J͞s in der naht auferstanden war. J͞s kam,
[Joh. 20, 19. 26] nah ſeiner auferstehung zu ſeinen ler-
lingen, als es dunkel oder abend war, was ſih wi eine er-
sheinung oder ein aufsten in der naht ferhält, und ist X͞s
am ende auh in der naht der welt erstanden, denn wir
ſen durh in, das es naht in der welt ist, und alſo X͞s in
der naht erstanden, und gekommen ist, um alle aus irem
shlafe zu erwekken, di niht wissen, das ſi in der naht der
welt [im ferborgnen] im todes-shlafe ligen [nah dem geiste]
und alle am ende im shlafe umgebraht werden, di niht
aus irem shlafe erwahen und niht ſen, wo ſi ſind, und ſih
niht durh X͞s liht, das in der finsternis jezt sheint, aus
der finsternis und fom tode zu retten ſuhen. Wer durh
X͞s erwekt wirt und durh X͞s liht di finsternis und den
tod ſit, überläst ſih niht dem shlafe, um niht im shlafe er-
mordet, und am morgen gottes tot [nah dem geiste, one
geist] gefunden zu werden. — Wi der morgen-stern dem
aufgange der ſonne foranget und di ersheinung der ſonne
ferkündigt, ſo ging der stern J͞s dem aufgange der ſonne
foran und ferkündigt di ersheinung des ſones im himmel

[im bilde, der fonne am himmel], da Jš auferstehung eben
nur di ferkündigung der kommenden auferstehung fon Xš,
oder ein bild der auferstohung, aber niht di eigentliñe
auferstehung ist, di erst am ende der welt gefen werden
wirt. Noh ist es naht, aber der morgen-stern [Xš] ist auf-
gegangen, wir fen in [in Xš], und werden wir di fonne
aufgen fen [den fon gottes], am morgen gottes, am fontag
morgen, am tage des fones fon got. am himmel, im him-
mel. — Xš wurde alle gewalt im himmel und auf erden
gegeben, weil er im himmel und auf erden figer ist, oder
di welt überwunden hat, und der figer und überwinder
im himmel und auf erden alle gewalt im himmel und auf
erden erhalten mus. — Xš ist alle tage bei uns bis ans
ende der welt, dan aber niht mer, und wirt bis dahin
allen durh Xš geholfen werden [fom tode des geistes], di
in erkennen und aufnemen, und mit dem heiligen geiste
[im ferborgnen] getauft werden. Wer niht getauft ist, das
heist, niht mit dem heiligen geist getauft ist, alfo one geist
ist, wirt am ende niht am leben [mit geist und leben],
fondern tot [geistlos] im grabe gefunden werden. — Xs
brah for feinem tode am kreuz ein laib brod und gab es
mit [rotem] wein feinen lerlingen, womit er bedeutete, das
zur erhaltung des lebens [in got] der leib [im bilde das
laib brod] mit blut [im bilde, in wein] gebroñen werden
mus, und was er zuerst im bilde oder gleihnis zeigte,
wurde dan im ferborgnen auh wirklih an im am kreuze
gefen, da der fon blut flisende leib am kreuze das wirk-
lih war, was im bilde oder gleihnis das laib brod mit
wein war.] —